Michael Kearney
Schritte in ein ungewisses Land

W0034271

Michael Kearney

Schritte in ein ungewisses Land

Seelischer Schmerz, Tod und Heilung – Geschichten und Erfahrungen

Vorwort von Cicely Saunders
Aus dem Englischen von Bernardin Schellenberger

Herder
Freiburg · Basel · Wien

Alle Rechte vorbehalten – Printed in Germany
© Verlag Herder Freiburg im Breisgau 1997
Titel der Originalausgabe: Mortally wounded.
Stories of Soul Pain, Death and Healing,
Marino-Books, an imprint of Mercier Press, Dublin 1996
Satz: Fotosetzerei G. Scheydecker, Freiburg im Breisgau
Herstellung: Freiburger Graphische Betriebe 1997
Gedruckt auf umweltfreundlichem, chlorfrei gebleichtem Papier
ISBN: 3-451-26293-2

Für Marian

Heilung
Ich bin kein Mechanismus,
kein Apparat aus verschiedenen
Einzelteilen.
Und nicht weil der Mechanismus
falsch funktioniert, bin ich krank.
Ich bin krank, weil meine Seele –
das tiefe Empfinden meines Selbst –
Wunden trägt,
und die Wunden der Seele brauchen
Zeit, viel Zeit;
nur die Zeit kann helfen
und die Geduld, und eine Art sehr
schwieriger Reue,
langer, schwieriger Reue.
Man muß den Fehler seines Lebens
wahrhaben und sich dann lösen
aus dem endlosen Wiederholen des
Fehlers,
den die Menschen nur allzugern für
heilig erklären wollen.

D. H. Lawrence

Inhalt

Teil 4: Tiefenarbeit

Dank

Zunächst möchte ich mich bei meiner Frau Marian bedanken. Sie hat mir während dieses ganzen Unternehmens Mut gemacht und geholfen, mit beiden Füßen fest auf dem Boden zu bleiben. Ebenso möchte ich meinen wunderbaren Töchtern Mary Anna, Claire und Ruth dafür danken, daß sie immer wieder mit Neugier, ablenkenden Einfällen und Humor nach mir geschaut haben, wenn ich mich stundenlang im Keller eingeigelt hatte, um die richtigen Worte in meinen Computer einzutippen.

Außer ihnen gibt es sehr viele andere Menschen, die mir auf vielfältige Weise geholfen haben. Besonderen Dank schulde ich Cicely Saunders, Tom West, Mary Baines, Balfour Mount, Anna Farmar, Mary Condren, Patrick Nolan, Anne Hayes, Richard Kearney, Jonathan Williams, Jo O'Donoghue, Micheál O'Regan, Marych O'Sullivan und Patricia Skar. Bernard und Mary Loughlin vom Tyrone Guthrie Centre in Annaghmakerrig und den Columban Sisters in Maheramore, County Wicklow möchte ich für ihre Gastfreundschaft danken.

Aus redaktionellen Gründen müßte in den folgenden Geschichten an einigen Stellen „Wir" stehen, aber ich habe es zu „Ich" vereinfacht. Die im folgenden geschilderte Arbeit mit Menschen, die kurz vor dem Sterben sind, ist jedoch nur als Teamarbeit möglich. Daher möchte ich die Teams für Sterbebegleitung, mit denen ich im Our Lady's Hospice und im St. Vincent's Hospital zusammenarbeite, meiner Wertschätzung und Dankbarkeit versichern.

Ich gestehe gern, daß ich sehr viel James Hillman verdanke, dessen Denken mich derart inspiriert und in die Tiefe geführt hat, daß es den Kern dieses Buches ausmacht. Es hat mir sehr viel bedeutet, daß er mich in den frühen Stadien meiner Arbeit an diesem Buch immer wieder persönlich ermutigt hat. Ich möchte mich ferner bei Sri Madhava Ashish bedanken, dessen unerwartete Begeisterung von weit her mir geholfen hat, an den Wert dieses Vorhabens zu glauben, bei Melanie Reinhart für ihr wunderbares Buch über Chiron und bei Robert Bly für seine aussagestarken poetischen Übersetzungen.

Schließlich möchte ich noch ausdrücklich Jackie, Emma, Bill, Sean, Eamonn, Dara, Frank, Bairbre, Anne und James als meine Mit-Autoren nennen. Ich bin ihnen und ihren Familien sehr dankbar dafür, daß sie mir gestattet haben, ihre Geschichten zu erzählen, die das Herz und die Seele dieses Buches ausmachen. Ich schätze mich glücklich, auf meinem Weg solche Führer und Mentoren gefunden zu haben.

Vorwort

Diejenigen unter uns, die längere Zeit mit Todkranken verbracht haben, wissen aus eigener Erfahrung, wie viel wir noch über diesen Zustand lernen müssen, um Menschen in diesem wichtigen Abschnitt ihres Lebens besser helfen zu können. Mehr als alles andere müssen wir das Zuhören lernen. Es gibt Situationen, in denen man keine Antworten mehr auf einen offensichtlich hoffnungslosen Zustand weiß. Dann bleibt einem nur noch übrig, seine schweigende Anteilnahme anzubieten. Wer auf die von Michael Kearney beschriebene Weise „Seelenpein" erfährt, konfrontiert uns nicht nur mit seinem, sondern auch mit unserem eigenen Bedürfnis. Aus einem Gefühl der Hilflosigkeit hinaus ziehen wir uns dann vielleicht zurück oder flüchten uns in eine hektische Hyperaktivität, die das Leiden des Patienten womöglich nur verschlimmert. Und es besteht noch eine weitere sehr reale Gefahr: die Hoffnungslosigkeit des Betreuers, noch etwas an der Lage ändern zu können, kann den Wunsch nach einem vom Arzt begleiteten Suizid oder nach Euthanasie auslösen. Beides wird in Holland bereits praktiziert.

Es ist jedoch auch möglich, diesen negativen Reaktionen zu widerstehen und sich immer wieder aus ihnen lösen. Wenn uns dies gelingt, können selbst Menschen, die nicht über die hier beschriebenen Fertigkeiten verfügen, zu einer inneren Einstellung finden, die beiden Seiten hilft, aneinander zu wachsen und zu reifen. Viel von dem, was die Seele peinigt und quält, läßt sich durch die Art und Weise, wie die Betreuung aussieht, ansprechen und heilen. Die meisten Menschen vermögen aus ihren eigenen Kräften und Quellen zu schöpfen und können so selbst eine Lösung ihrer inneren Qual finden, vorausgesetzt, man läßt ihnen den Raum dazu, indem man ihren Wert als einmalige Individuen anerkennt und ihre Betreuung unter Einsatz aller verfügbaren Disziplinen gewährleistet. Man wird klein- laut, wenn man sieht, was bereits schlichte Gesten der Höflich- keit bewirken können, und man kann nicht genug beklagen, wie oft diese unterbleiben. Allerdings sind es gerade die Patien- ten, denen wir am hilflosesten gegenüberstehen, bei denen wir von Zeit zu Zeit Augenblicke der Klarheit erleben, die ihnen anscheinend von außen her geschenkt werden. Manche Men- schen würden dies Gnade nennen; andere benutzen dieses Wort nicht, können aber dennoch anerkennen, daß irgendwie ein Brückenschlag zu einer völlig unerwarteten Lösung hin ge- lungen ist.

Unsere hektische und zunehmend materialistische Welt hat viele von uns von jener tiefen Weisheit abgeschnitten, die man immer noch bei Menschen sehen kann, die über einen be- währten Glauben verfügen, oder bei solchen, die aus einer Spi- ritualität ohne irgendwelche spezifisch religiösen Inhalte her- aus leben. Die Hospiz- und Schmerztherapiebewegung sieht ihre Aufgabe ausdrücklich darin, sich nicht nur auf physi- sche oder psychosoziale Probleme einzulassen, sondern auch dem Bedürfnis nach spirituellem Beistand entgegenzukom- men, oft ohne sich um dessen genaue Definition zu küm- mern. Michael Kearney stellt uns hier eine Not vor, die aus der Tiefe des menschlichen Wesens aufbricht. Nicht alle von uns werden über das Wissen und die Fähigkeit verfügen, sich mit so viel Geschick bei dieser Aufgabe einzubringen, wie das in den folgenden faszinierenden Geschichten beschrieben wird. Aber es kann schon genügen, wenn man aufmerksam auf dieses vernachlässigte Gebiet achtet, um ein Gegengewicht zum gegenwärtigen mangelnden Interesse an den Dingen des Geistes und der Spiritualität zu schaffen. Wie wertvoll es ist, einfach schweigend neben einem Patienten zu wachen oder ihm schlichte praktische Handreichungen zu bieten, sollte man nicht unterschätzen, und darum sollte man dies auf kei- nen Fall unterlassen; schon daraus schöpfen viele Patienten alles, was sie brauchen, um zum Vertrauen und zum Frieden zu finden.

Wir sollten uns von diesem hohen Anspruch nicht entmutigen lassen. Die Art und Weise, wie die Pflege gewährleistet wird, kann in verborgenste Bereiche hineinwirken und ganz unerwartete Entwicklungen auslösen. Oft erleben wir, wie sowohl Patient wie Angehörige gerade dann aus sich heraus zu Frieden und innerer Kraft finden, wenn wir das Gefühl haben, überhaupt nichts mehr beitragen zu können. In Menschen, die dem Tod ins Angesicht schauen, stecken Möglichkeiten, über die man immer wieder nur staunen kann. Das kann man desto öfter erleben, je mehr man in sich den Mut entwickelt, auf seine Mitmenschen zuzugehen, ohne sich hinter der Maske einer Profession zu verstecken, sondern dem andern von Mensch zu Mensch zu begegnen. Beide Seiten verspüren dann die Tiefe einer Pein, die irgendwie ihr Potential zur Selbstheilung in sich trägt. Wenn wir das entdecken, lernen wir vielleicht über die Lebenden genausoviel wie über die Sterbenden. Dann sind die Menschen, die ihr Lebensende erreicht haben, unsere Lehrmeister.

Cicely Saunders, OM, DBE, FRCP,
Chairman am St. Christopher's Hospice in London

Einführung

Die Menschen haben Angst vor dem
Tod, wie Kinder Angst davor haben,
ins Finstere hinauszugehen.

Francis Bacon

Angst vor dem Tod zu haben, ist weder ein Zeichen der
Schwäche noch ein Grund, sich zu schämen. Die Angst vor
dem Tod gehört genau wie unsere Fähigkeit zum Empfinden
von Freude und Schmerz zum Leben und zum Menschsein. Bei
den meisten von uns konzentriert sich diese Angst auf den
Sterbeprozeß als solchen, also darauf, wie das wohl sein wird,
ihn durchzumachen, und weniger darauf, was danach geschehen oder auch nicht geschehen könnte. Wir haben vielleicht Angst davor, womöglich sehr starke körperliche Schmerzen und Qualen aushalten zu müssen, oder emotional ungeheuer leiden zu müssen, wenn wir von unseren Lieben getrennt werden, oder vor der Abhängigkeit und dem Ausgelie-
fertsein, das uns womöglich bevorstehen wird. Bei vielen von
uns werden diese Ängste noch dadurch verstärkt, daß sie bereits
das qualvolle Sterben eines ihnen nahestehenden Menschen
miterlebt haben, der vielleicht unter schrecklichen Schmerzen
oder ohne Beistand und allein gestorben ist.

Zu diesen spezifischen und persönlichen Ängsten kommen
noch tiefere Schichten unserer Angst vor dem Sterben und dem
Tod hinzu. Wir alle haben Anteil an der instinktiven Urangst
vor dem Finsteren, von der Bacon spricht, und ich glaube, daß
es diese existentielle Urangst vor dem Unbekannten ist, die
jene besondere Form menschlichen Leidens bewirkt, die ich als
„Seelenpein" bezeichne. In psychologischen Begriffen gesprochen, ist der Urantrieb dabei jener Aspekt des menschlichen

14

Geistes, der als das „Ego" bekannt ist. Dieses Ego fühlt sich am wohlsten, wenn es sich in der Sicherheit einer vertrauten und vorhersehbaren Welt wiegen darf, sieht sich aber zutiefst bedroht vom Nahen des Todes, den es für das äußerste Chaos und das schlechthin Unbekannte hält. Beim verzweifelten Versuch zu überleben kann das Ego seine Todesangst bis in die tiefen und unbewußten Schichten des Geistes, nämlich die „Seele" hineinprojizieren und mutmaßen, deren unbekannte und unvorhersehbare Tiefen seien ihrerseits ein Mikrokosmos des Todes. Unser in Panik versetztes Ego flieht dann in einer Überlebensreaktion von seiner Seele weg, wodurch es sich von all dem entfremdet, was das Tiefste in uns ist. So fühlt es sich schließlich völlig einsam und allein und voller Angst und Schrecken in eine Öde der Sinn- und Hoffnungslosigkeit versetzt – in eine peinigende Qual, die die ganze Seele besetzt.

Zu der Angst, die sich äußert, wenn wir uns dem Tod nähern, kommt jedoch eine Komponente hinzu, die von unserer Kultur bedingt ist. Was wir in den geängstigten Augen eines sterbenden Menschen sehen, ist mehr als das Verhalten eines Individuums, in dem sich der allen Menschen gemeinsame Ur-Überlebenswille äußert. Unser Schrecken vor dem Tod spiegelt zugleich den tiefen Riß, der sich im Geist der westlichen Menschen zwischen den Bereichen des Rationalen und des Intuitiven aufgetan hat. Wir im Westen haben jahrhundertelang in zunehmendem Maß die Fähigkeit unseres Geistes zum Vernunftdenken und Begreifen obenan gestellt, und deshalb haben wir gleichzeitig verkannt, daß unser Geist auch mit den Fähigkeiten zur Phantasie, zum Staunen und zum intuitiven Wissen begabt ist. Diese ebenso wichtigen Begabungen unserer Seele haben wir vergessen oder abgewertet. Klare Hinweise auf diesen Riß gibt es in Fülle; sie lassen sich anhand zahlreicher Beispiele aus Geschichte und Gegenwart illustrieren. Als positive Folgen dieser einseitigen Spezialisierung ließen sich die industrielle und wissenschaftliche Revolution nennen, als zunehmend negative Auswirkungen dieses Risses Hiroshima und Auschwitz sowie die zunehmende Plünderung unseres Planeten. Ich glaube, wenn ein sterbendes Individuum leidet, äußert es darin auch ganz persönlich die Not dieser kulturell bedingten Abspaltung von der Seele, an der es teilhat.

Gesteht man zu, daß daran zumindest ein Stück weit etwas Wahres sein könnte, so überrascht es kaum mehr, daß manche Menschen sich mit ihrem Sterbeprozeß ungeheuer schwer tun und daß die Menschen, die sie begleiten, gelegentlich Patienten begegnen, die für jeglichen Trost unzugänglich sind. Zu glauben, es sei möglich, dieses kulturell bedingte Problem zu lösen, indem man nur auf dem Gebiet des Individuellen „alles besser macht", deutet auf eine gewaltige Illusion darüber, was wir können; zudem zeugt es von einer gefährlichen Naivität, die in eine unerbittlich sich abwärts drehende Spirale immer neuen Versagens, Erschöpft- und Verzweifeltseins führt.

Das sage ich nicht, um rational das Gefühl der Hilflosigkeit zu bewältigen, das uns gelegentlich überkommt, wenn wir mit der seelischen Pein eines Sterbenden konfrontiert werden – obwohl uns diese Erklärung vielleicht helfen kann, besser zu verstehen, warum wir uns so hilflos fühlen –, sondern um deutlich zu machen, daß es entscheidend darauf ankommt, zu welchen Maßnahmen wir angesichts dieser Seelenpein greifen. Wenn wir nichts dagegen tun, tragen wir zu dem beschriebenen verheerenden Defizit unserer Kultur bei und verfestigen es nur noch mehr. Darüber einfach hinwegzugehen, mag kurzfristig wie ein erfolgreiches Manöver erscheinen, mit dem wir uns unsere eigene Angst vom Leib halten können. Das Gefährliche an diesem Manöver ist jedoch, daß es ebenso kurzsichtig wie kurzlebig ist und nicht ohne Folgen für jeden einzelnen von uns bleibt. Wenn wir uns diesen Fragen nicht in der Gegenwart stellen, wird daraus womöglich in der Zukunft eine derart schwere Aufgabe für uns, daß wir sie dann überhaupt nicht mehr bewältigen können. Solange wir persönlich und die Kultur, in die wir eingespannt sind, von der Seele abgespalten bleiben, werden weiterhin Angst und Sinnlosigkeit die letzten Lebenstage von uns verletzlichen Individuen beherrschen. Würden wir dagegen kreative Möglichkeiten finden, der Herausforderung durch die Seelenpein zu begegnen, so könnte uns das einen Zugang zum innersten Herzen des Lebens selbst

16

erschließen, und das sogar im Schatten des Todes. Genau das wollen etliche der Geschichten in diesem Buch vor Augen führen.

Wie und wo können wir aber mit diesem Prozeß beginnen? Meine Erfahrung als Arzt, der eng mit der Hospizbewegung zusammenarbeitet, hat mir gezeigt, wie ungemein wertvoll es ist, wenn professionell geschulte Menschen aus zahlreichen Disziplinen zusammenarbeiten, und wenn alle Beteiligten mit einfühlsamer Achtsamkeit auf den jeweiligen Menschen eingehen. Wir können den Sterbeprozeß eines Menschen wesentlich erleichtern, wenn wir uns professionell um die Linderung seiner physischen Schmerzen bemühen und seine übrigen körperlichen Symptome behandeln, uns aber gleichzeitig um eine offene und ehrliche Kommunikation mit dem Betreffenden und seinen Angehörigen bemühen. Dadurch kann ein Dasein, das zunächst als angsteinflößend und elend empfunden wird, in einen Vorgang kontinuierlichen persönlichen Reifens und Vollendetwerdens umgewandelt werden.

Die Ursprünge der Hospizbewegung, die schon so viel dafür getan hat, die mit dem Sterbeprozeß verbundenen spezifischen Ängste und Qualen zu lindern, reichen bis zu jenem dem Menschen eigentümlichen Pflegeimpuls zurück, der die Wurzel aller Heilberufe darstellt. In unserem Jahrhundert ist sie als Reaktion gegen die Einseitigkeit entstanden, in die uns ein zunehmend verwissenschaftlichtes und technologisiertes medizinisches System geführt hat. Die Prinzipien zur Behandlung und Pflege Sterbenskranker, die diese Bewegung entwickelt hat, sind in den letzten fünfundzwanzig Jahren nach und nach in die Verfahrensweise der westlichen Medizin integriert worden; sie haben zur internationalen Verbreitung jener neuen, im Grunde jedoch schon uralten Spezialdisziplin der Gesundheitspflege geführt, die man jetzt als „Schmerztherapie" bezeichnet.

Die Geschichten, die ich in diesem Buch erzähle, zeigen, daß das, was die Gründerin der Hospizbewegung Cicely Saunders als „effective loving care" („wirksame liebevolle Zuwendung") bezeichnet, ganz wesentlich ist; gleichzeitig machen sie deutlich, daß gelegentlich darüber hinaus noch mehr erforderlich ist, wenn man diesem seelischen Leiden wirksam begegnen will. Albert Kreinheder bietet einen Schlüssel dafür, worin dieses „Mehr" bestehen könnte, wenn er aus seiner eigenen Erfahrung mit Sterbenskranken berichtet: „Es kommt nicht in erster Linie darauf an, wann man stirbt, sondern wie man stirbt. Es kommt nicht auf irgendwelche Hilfsmittel an, sondern, psychologisch gesprochen, darauf, ob man schon ganz geworden ist oder nicht." Das deutet darauf hin, daß der springende Punkt die Suche nach innerer Ganzheit ist, und zwar eher in dem Sinn, daß man sich auf einen entsprechenden Prozeß einläßt, als daß man diese Ganzheit schon voll besäße. Wenn die Theorie stimmt, dieses Problem sei wesentlich dadurch bedingt, daß wir uns persönlich und als Kultur von allem abgespalten und alles abgewertet haben, was mit der Seele zu tun hat, dann weist die Richtung, in die wir auf unserer Suche zunächst einmal gehen müssen, nach innen, und, wie der Archetypen-Psychologe James Hillman in seinen Schriften betont, *nach unten*.

In diese Überlegungen muß noch eine weitere Dimension eingebracht werden, auf die ich an dieser Stelle ausdrücklich hinweisen möchte. Alle in diesem Buch enthaltenen Geschichten bekräftigen wiederholt und ständig die Behauptung der Jungschen Analytikerin und Schriftstellerin Marie Louise von Franz, daß „uns die Natur mit Hilfe von Träumen auf den Tod vorbereitet". Würden wir uns mit der Seelenpein nur unter dem Gesichtspunkt befassen, was *wir* dagegen tun oder auch nicht tun können, könnte das dazu führen, daß wir die außergewöhnliche Rolle verkennen, die meiner Überzeugung nach die Seele selbst bei diesem Heilungsprozeß spielt. Die Tiefenschichten unserer Seele sind mehr als ein Mülleimer für unsere unerwünschten Gedanken, Erinnerungen und Emotionen. In ihnen sind auch autonome Kräfte wirksam, die sich um psychische Ganzheit bemühen, und meiner Erfahrung nach beschleunigt sich dieser Prozeß der tief innerlichen Heilung im sterbenden Menschen. Es ist, als enthalte dieser bodenlose See des Unterbewußten, den das verängstete Ego so verabscheut, in seinen schwarzen Tiefen nicht nur heilenden Balsam, sondern warte

18

geradezu sehnlich darauf, diesen Balsam auf unsere tödliche Wunde aufzutragen, wenn wir dies nur zulassen. Wenn der sterbende Mensch sich seiner Seele zuwendet, vergilt sie ihm das tausendfach.

In diesem Buch erkunde ich die Natur der Seelenpein in Menschen, die kurz vor dem Sterben sind. Dazu erzähle ich die Geschichten einer Anzahl von Menschen mit weit fortgeschrittenen Krankheiten und versuche sie im Licht zweier Modelle, eines mythologischen und eines psychologischen, zu deuten. Einige dieser Geschichten veranschaulichen eine spezifische Weise, mit den tief innerlichen Aspekten der Erfahrung eines Sterbenden umzugehen, und sie zeigen, daß es dabei von entscheidender Bedeutung ist, mit den Heilkräften, die in der Psyche des Betreffenden selbst schlummern, bewußt und aktiv zusammenzuarbeiten. Diese innere oder Tiefenarbeit stellt eine wesentliche Ergänzung zur äußeren Sorge um den einzelnen Menschen dar und kann diesem Menschen vielleicht helfen, seinen eigenen Weg aus dem Gefängnis der Seelenpein heraus in einen Bereich größerer Ganzheit zu finden, zu einer neuen Lebenstiefe und zum Wegfall der Angst.

Teil 1

Geschichten und Fragen

Vielleicht, daß ich durch schwere
Berge gehe
in harten Adern, wie ein Erz allein;
und bin so tief, daß ich kein
Ende sehe
und keine Ferne: alles wurde Nähe
und alle Nähe wurde Stein.

Ich bin ja noch kein Wissender
im Wehe, –
so macht mich dieses große Dunkel
klein;
bist *Du* es aber: mach dich schwer,
brich ein:
daß deine ganze Hand an mir
geschehe
und ich an dir mit meinem ganzen
Schrein.

Rainer Maria Rilke[1]

*Ich habe viele Menschen sterben sehen. Manche haben große
Schmerzen gehabt, aber diese wurden dank der Kunst ihrer Betreuer gelindert. Manche waren voller Trauer, Wut oder Angst,
aber diese Gefühle überwältigten sie nicht mehr, als sie sie mit
anderen teilen konnten, die bereit waren, ihnen zuzuhören.
Manche dieser Menschen erwähnten zwar nie den Tod, aber
man spürte fast immer deutlich, daß sie trotzdem darum „wußten". Durch irgendeine Besonderheit kennzeichnete jeder sein
Sterben als sein ganz einmaliges, und als schließlich der Tod*

---

[1] R. M. Rilke, Das Stundenbuch, Drittes Buch, Anfang. Zitiert nach der Ausgabe der Werke im Insel Verlag 1980, Band I-1, S. 99.

kam, machten sie oft den Eindruck, ihn zu erwarten und für ihn bereit zu sein. Selbst wenn das Sterben ein Kampf gewesen war, schien der Tod selbst eine Art natürlicher Entspannung mit sich zu bringen, ein Gefühl tiefen Friedens und jener Art von Entlastung, die man verspürt, wenn einem ein Freund eine schwere Bürde abnimmt.

Allerdings: Unsere Kunst der Sorge für den Sterbenden und unsere menschliche Zuwendung mögen noch so groß sein, sie „machen nicht alles besser", und sie können das nicht. Eine der Sterbenden, deren Geschichte ich in einem späteren Kapitel erzählen werde, hat wenige Stunden vor ihrem Tod zu mir gesagt: „Es ist nicht alles in Ordnung." Ganz gleich, was wir auch tun mögen, ihn zu erleichtern, der Tod bleibt die endgültige Trennung, das endgültig Unbekannte. Und es gibt immer Menschen, die, wie es der Dichter Dylan Thomas formuliert hat, „nicht sanft in diese gute Nacht gleiten". Zu diesen gehören diejenigen, deren Sterben zu einer Zeit schrecklichen, angstvollen Kämpfens oder einer Zeit der Sinnlosigkeit wird, und das trotz der intensiven Bemühungen von Angehörigen und Pflegenden, sie zu trösten und ihre Schmerzen zu lindern. Gerade solche Menschen waren meine wichtigsten Lehrmeister. Mit ihrem Leiden haben sie mich dazu herausgefordert, einen Schritt weiter zu gehen, nach einem anderen Weg zu suchen und mich zusammen mit ihnen dem Unbekannten zu stellen.

Es ist zu spät, um aufzubrechen
Zu Zielen, die nicht solche des Herzens sind
Hier muß ich bleiben mit meiner Wunde
R. S. Thomas, aus „Here"

Jackie

Jackie war Anfang fünfzig, Musiklehrerin an einer Mädchenschule; eine Bekannte beschrieb sie als Menschen, der immer „glänzend, schroff und stürmisch" war. Ihr Hausarzt hatte sie ins Hospiz eingewiesen, um sie auf schon lange andauernde starke Schmerzen in ihrem rechten Bein untersuchen zu lassen. Zwei Jahre zuvor hatte man ihr wegen einer Krebsgeschwulst die Gebärmutter entfernt, und in der Folgezeit hatte sie sich wohlauf gefühlt, bis die Schmerzen im Bein einsetzten. Die Untersuchung ergab, daß sich erneut ein Tumor gebildet hatte, der die Muskeln und Nerven auf ihrer rückseitigen Bauchinnenwand bereits angegriffen hatte. Trotz der Behandlung mit Radiotherapie und starken Schmerzmitteln hatten Tumor und Schmerzen nur zugenommen.

Zur Zeit ihrer Aufnahme ins Krankenhaus war Jackie wegen ihrer Schmerzen aufs Bett beschränkt. Die Krankenschwestern, die sie versorgten, beschrieben sie als Frau, die sich schon vor der leichtesten Bewegung fürchtete, weil diese ihre Schmerzen immens steigern konnte. Als ich sie fragte, wie sie selbst ihre derzeitige Lage beurteile, erwiderte sie: „Ich glaube wirklich, das kommt von einem Sturz, den ich letzten September mit meinem Fahrrad hatte." Ich spürte, daß sie den Ernst ihrer Lage zu überspielen versuchte und daß dies vermutlich zu ihren Schwierigkeiten beitrug. Das bestätigte sich, als mir ihre beste Freundin Jean erzählte, wie sie Jackie vor einigen Wochen mit der Tatsache konfrontiert hatte, daß der Krebs wieder aufgetaucht war. Dies hatte bei Jackie zwar zunächst einen heftigen Tränenausbruch ausgelöst, doch danach war es ihr wieder tagelang sehr viel besser gegangen.

Obwohl zunehmend allen, die mit der Pflege Jackies beschäftigt waren, klar wurde, daß ihre Schmerzen ebenso stark durch ihre Angst und Verleugnung wie durch den Krebs selbst bedingt waren, der die Nerven ihres Beines angriff, klammerte sie sich hartnäckig an die Vorstellung, es handle sich nur um ein mechanisches und physisches Problem. Sie konnte mir direkt in die Augen schauen und mich fragen: „Und was gedenken Sie dagegen zu tun?" Im Lauf der darauffolgenden zwei Wochen versuchten wir es mit einer Reihe von erfahrungsgemäß erfolgreichen Medikationen. Gleichzeitig versuchten mehrere Mitglieder des Betreuungsteams, Jackie auf die psychologische Seite ihrer Schmerzen anzusprechen, sowohl direkt (indem sie sie fragten, wie sie sich fühle und ob sie irgendwelche Fragen oder Sorgen habe), als auch indirekt (durch Massagen). Doch alle diese Bemühungen führten zu nichts. Die Schmerzen wurden immer schlimmer und zudem durch ein wachsendes Gefühl der Enttäuschung und Verzweiflung verstärkt; derartige Gefühle begannen auch ich und andere Mitglieder des Teams zu empfinden.

Ungefähr um diese Zeit hatte ich wieder ein Gespräch mit Jean. Wir erörterten Jackies Situation und beschlossen, am nächsten Morgen gemeinsam mit ihr zu sprechen. Wir sahen keinen anderen Ausweg mehr, als sie so behutsam wie möglich mit der harten Wahrheit über ihre Situation zu konfrontieren. Obwohl wir ernsthafte Vorbehalte gegen diesen Plan hatten, gingen wir von der Hypothese aus, daß ihr Leugnen nicht länger als hilfreiche psychologische Abwehr wirkte, sondern ihre Qual nur verschärfte, indem es sie in ein Gefängnis der Angst einsperrte, das seinerseits verstärkend wirkte.

Doch am selben Nachmittag, noch ehe wir sie dieser Konfrontation aussetzen konnten, brach Jackies Abwehr in einem Ausbruch unkontrollierbarer Angst, Paranoia und Qual zusammen. Sie krümmte sich ächzend in ihrem Bett, stöhnte laut und schrie mit weit aufgerissenen Augen um Hilfe. Als die Schwestern hereinstürzten, wurde ihre Angst nur größer; sie warf ihnen vor, sie wollten sie bloß umbringen und sperrte sich gegen alle ihre Angebote von stärkeren Schmerz- und Beruhigungsmitteln. Als sie schließlich doch dank des Zuredens ihrer Freundin darin einwilligte, ein Medikament einzunehmen, schien es wenig oder gar keine Wirkung zu haben. Jackies Panik und Erregung wurden nur immer schlimmer, und auch unser Gefühl völliger Hilflosigkeit nahm immer mehr zu.

Jean und die Schwestern blieben den ganzen Nachmittag über bei Jackie. Sie hielten sie im Arm und versuchten, beruhigend und tröstend auf sie einzuwirken, aber alles half nichts. Schließlich beschlossen wir, ihr ein stark sedierendes Mittel zu verabreichen. Darauf versank sie bald in einen verkrampften, unruhigen Schlaf.

Jackie war immer noch sediert und in tiefem Schlaf, als ich

sie am folgenden Morgen besuchte. Ich rief sie beim Namen, und ihre Augen flackerten in kurzer Panik auf, schlossen sich dann aber wieder. Ich fragte sie, wie es ihr gehe. Mit verzerrten und kaum verständlichen Worten gab sie zur Antwort, sie sei beim „Bergsteigen mit Jean".

Im Lauf der nächsten paar Tage versuchten wir bei mehreren Gelegenheiten die Sedation zu verringern. Doch jedesmal, wenn Jackie aufwachte, war sie wieder von neuem angstgeschüttelt und fing zu schreien an, und obwohl wir an ihrem Bett saßen und sie hielten, blieb sie erregt und ließ sich nicht beruhigen, bis wir ihr ein weiteres Sedativum eingegeben hatten. Die Krankenschwestern und ich besprachen uns mit ihrer Familie und Jean. Wir kamen überein, die einzige Möglichkeit, diese Angst und Qual zu behandeln, bestünde darin, sie am Schlafen zu halten. Im Lauf des folgenden Wochenendes bekam Jackie eine Lungenentzündung und starb.

Meine Ausbildung in schmerzlindernder Behandlung hat mir zwar ein ganzheitliches Modell des Schmerzes erschlossen, welches berücksichtigt, daß es sich bei der „Gesamtqual" des Sterbenden um eine vielschichtige und dynamische Erfahrung mit sozialen, emotionalen, spirituellen und physikalischen Dimensionen handelt; dennoch fühlte ich mich äußerst schlecht ausgerüstet, um mit Jackies extremer Angst und ihren fürchterlichen Schmerzen umgehen zu können. Ich verfügte einfach nicht über die Mittel, um zu beschreiben, geschweige denn zu behandeln, was in ihrer Lage in ihr vorging.

Jackie hinterließ bei mir Gefühle der Enttäuschung und des Versagens und eine ganze Reihe unbeantworteter Fragen. Wenn ich mit Ängsten wie den ihren konfrontiert wurde – mußte ich da einfach akzeptieren, daß ich ebenso wenig wie sonst irgend jemand etwas tun konnte, um sie zu lindern? Wenn ich versuchte, jemandem wie Jackie zu helfen, wessen Qual versuchte ich da letztlich zu erleichtern, meine oder die des Patienten? Und worin genau bestand die Natur dieser speziellen Form des Leidens? Ich war mir sicher, daß, wenn ich das besser verstehen könnte, es einen angemesseneren Weg geben würde, um auf jemanden, der solche Qualen erlitt, einzugehen.

Emma und Bill

Emma war in den Siebzigern und hatte Eierstockkrebs im Endstadium. Sie war eine engagierte evangelikale Christin und
hatte den größten Teil ihres Lebens als Laienmissionarin in
Afrika verbracht. Obwohl sie wußte, wie krank sie war, war
sie für die Vorstellung unzugänglich, daß dies ihren nahen Tod
bedeutete.

Emma litt unter einem ständigen Gefühl der Übelkeit, das
sich als resistent gegen alle unsere therapeutischen Bemühungen erwies. Hinzu kam, daß sie mit sich selbst uneins, rastlos
und unglücklich war. Bei jeder Visite begrüßte sie mich mit
dem Spruch: „Immer noch gleich schlecht, aber machen Sie
sich keine Sorgen. Gott prüft bloß meinen Glauben. Ich *weiß*,
er wird mich wieder gesund machen."

Als sich die Wochen dahinzogen, wurden Emmas Schmerzen immer größer. Sie war inzwischen auch viel schwächer
geworden; das Wunder jedoch, auf das sie gewartet hatte, war
noch nicht eingetroffen. Dann, als ich eines Tages neben ihrem
Bett saß, spürte ich, daß sich etwas verändert hatte. Sie erzählte
mir, seit sie heute morgen aufgewacht sei, fühle sie sich irgendwie ganz anders. Sie sagte, das krankmachende Gefühl in ihrer
Magengrube sei verschwunden, und sie wirkte still und entspannt. Wir unterhielten uns eine Zeit lang, und als ich mich
zum Gehen wandte, nahm sie meine Hand, sah mir in die
Augen und sagte: „Ich weiß, daß ich geheilt werde." Emma
blieb zuversichtlich und im Frieden mit sich selbst, bis sie
einige Tage später starb.

Bill, ein neunundfünfzigjähriger Agnostiker mit Lungen-
krebs im Endstadium, hatte nur noch wenige Wochen zu leben.
Seine langjährige schwere Trunksucht hatte dazu geführt, daß
er seine Arbeit verloren und seine Familie sich von ihm ab-
gewandt hatte. Als er noch in der eigenen Wohnung lag, war
er vom Heimpflegedienst des Hospizes betreut worden. Beim
ersten Hausbesuch hatte die Schwester einen Mann vorgefunden, der so kurzatmig war, daß er nicht imstande war, mehr als
drei oder vier Wörter am Stück zu sagen. Mit angstverzerrter

Miene sagte er zu ihr, über seine Krankheit wolle er überhaupt nichts hören, es sei denn, eine „frohe Botschaft". Auf Anregung des Heimpflegedienstes hatte Bills Hausarzt ihm daraufhin einige Medikamente zur Erleichterung seiner Atembeschwerden verschrieben, die aber kaum wirkten. Da er von Tag zu Tag mehr Angst und Schmerzen bekam und keinen Angehörigen im Haus hatte, der ihn hätte betreuen können, wurde ihm ein Bett im Hospiz angeboten. Er nahm das Angebot sofort an.

Bereits wenige Tage nach seiner Aufnahme schien Bill wesentlich entspannter und in besserer Verfassung zu sein. Wir fragten uns, weshalb seine Medikation, die seit seiner Einweisung unverändert geblieben war, plötzlich derart greifen sollte, spürten aber, daß die Besserung seiner Lage vermutlich einem größeren Sicherheitsgefühl, bedingt durch die neue Umgebung, zu verdanken war.

Eines Tages blieb ich bei einer Routinevisite auf der Station an Bills Bett stehen. „Wie geht es Ihnen heute, Bill?" fragte ich ihn, in der Erwartung, daß er wieder von seiner Kurzatmigkeit, seiner Verdauung oder sonst einem „sicheren" Gegenstand rede. Dementsprechend verblüffte mich seine Antwort: „Das ist schwer zu beschreiben", fing er an, „… Zufriedenheit, Glück: Das kommt mir so immer mehr in diesen letzten fünf Wochen und nicht bloß bei bestimmten Gelegenheiten. Und vorher war es fürchterlich – diese Atemnot, diese Angst. Ich dachte, ich müßte mich zu Tode keuchen. Auch außen um mich herum und innen in mir ist alles durcheinandergewirbelt, wie der Schnee in einem dieser Weihnachtsspielzeuge, aber langsam und allmählich hat sich das alles gelegt wie … Wahrheit, ja, so kann man das sagen, *Wahrheit*. Das ist eine Erfahrung, etwas in mir drin, das kommt von da [er zeigte mitten auf seine Brust]. Ich bin stolz auf mich selbst, wenn ich mir vorstelle, daß ich das in mir habe. Nicht daß ich religiös wäre. Gut, ich respektiere alle diese Sachen, aber mir geht es derzeit nicht um so etwas." Als er fertig war, saßen wir eine Zeit lang schweigend beieinander. Dann fragte ich ihn, ob er sich irgendwie vorstellen könne, was mit ihm passieren werde, wenn er sterbe. „Ich weiß es nicht", sagte er, „das habe ich noch nie erlebt.

Manchmal denke ich mir: Dich wird niemand wollen, Bill. Ich weiß es nicht. Ich glaube, es geht um das Leben, nicht um das Sterben. Wenn es danach noch etwas gibt, dann ist das auch okay. Nein, ich habe keine Angst vor dem Sterben." Bill starb sehr friedlich eine Woche nach diesem Gespräch.

Emmas und Bills Ankunft an einem Ort inneren Geheiltwerdens und der Angstfreiheit standen in krassem Gegensatz zu Jackies ungelöster Angst. Aber was genau hatte in diesen beiden grundverschiedenen Menschen eine solche radikale Wandlung bewirkt? Immer wieder denke ich bei mir, wenn ich das auch nur andeutungsweise erfassen könnte, wäre das vermutlich für jemanden wie Jackie schon ungemein hilfreich. Das einzige, was mir damals schon klar war, war dies: Was immer auch in Emma und Bill vorgegangen sein mochte, es war irgendeiner leichten, aber ungeheuer wirksamen Veränderung im Inneren dieser Menschen selbst zu verdanken. Ich fragte mich, ob dieser offensichtlich spontane und zufällige Prozeß seinem Wesen nach unbegreiflich sei.

Sean

Sean war Anfang dreißig und hatte in Frankreich als Lehrer gelebt und gearbeitet. Vor drei Jahren hatte er einen Knoten in seinem rechten Bein entdeckt. Da dieser schmerzte und immer größer wurde, beschloß er, zum Arzt zu gehen. Er wurde ins Krankenhaus eingewiesen und gründlich untersucht, und es wurde ein bösartiger Tumor diagnostiziert, der seinen rechten Ischiasnerv angriff. Nach der operativen Entfernung des Tumors genas er wieder ganz und übte bald wieder voll seinen Beruf aus. Zwei Jahre danach bemerkte er erneut eine schmerzende Geschwulst, diesmal auf seiner rechten Brust. Sie wurde als weiterer Tumor diagnostiziert. Er wurde wieder operiert, und danach begann man eine Chemotherapie mit ihm. Im darauffolgenden Januar kehrte er zu einer weiteren Untersuchung nach Irland zurück. Der Onkologe verordnete eine zweite Chemotherapie.

Im März bekam Sean starke Schmerzen in der Brust und verlor an Gewicht. Das ließ vermuten, daß der Krebs trotz dieser Behandlung fortschritt. Sein Arzt überwies ihn zur ambulanten Behandlung an unsere Klinik, um seine Schmerzen in den Griff zu bekommen. Ich entsinne mich, daß ihm seine Schmerzen anzusehen waren, als er zur Tür hereinkam. Er sprach offen von seiner Krebserkrankung und sagte, er rechne sicher damit, daß die neue Chemotherapiephase Erfolg haben werde. Als ich ihn nach seiner Familie fragte, erzählte er mir, sein Vater sei gestorben, als er im Teenager-Alter war, und während seiner Aufenthalte in Dublin wohne er bei seiner Mutter und treffe sich viel mit seinen vier Schwestern, die ganz in der Nähe wohnten. Er fügte hinzu, daß dies nur ein vorübergehender Aufenthalt sei, denn er habe vor, in nicht allzu ferner Zeit wieder nach Frankreich zurückzukehren.

Hierauf beschrieb Sean die starken und beständigen Schmerzen, die er in seiner rechten Brust verspürte, und die nur zum Teil durch die Medikamente gelindert wurden, die er derzeit einnahm. Bei seiner Untersuchung stellte ich fest, daß er schon auf die leichteste Berührung dieses Körperbereichs mit extremem Schmerzempfinden reagierte. Ich stellte die klinische Diagnose auf durch Tumor bedingten Schmerz, wobei der Tumor Muskeln, Knochen und Nerven seines rechten Brustkorbs angreife. Zu diesem Zeitpunkt nahm er bereits eine hohe Dosis Morphin gegen seine Schmerzen ein. Ich wies ihn an, die Morphindosis noch zu steigern und verordnete ihm noch eine zusätzliche Medikation, in der Hoffnung, sie werde ihm helfen.

Anfang April kam Sean wieder zur ambulanten Behandlung zu mir. Er sagte mir, seine Schmerzen seien nicht schwächer geworden. Nach einer gründlichen Aussprache veranlaßte ich seine Aufnahme ins Hospiz, damit man ihm lokal ein Anästhetikum in seine Brustnerven injizieren konnte, um damit zu versuchen, seinen Schmerz zu betäuben. Auch das blieb ohne Wirkung. Mitte April kehrte er für zwei Wochen nach Frankreich zurück. Unmittelbar nach seiner Rückkehr nach Irland fragte seine Allgemeinärztin beim Hospiz an, ob er als dringender Fall unverzüglich aufgenommen werden könne. Sie sagte, er sei in einem Zustand „verzweifelter Agonie".

Bei seiner Ankunft im Hospiz war Sean bleich, feuchtkalt, erregt und stand offensichtlich unter sehr heftigen Schmerzen. Ich vermutete, der Mechanismus seiner Schmerzen sei derselbe wie zuvor, obwohl er jetzt deutlich den Eindruck extremer Verängstigung machte. Im Lauf der folgenden Tage veränderte ich seine Medikation geringfügig, wobei ich seine Morphinzufuhr steigerte und ein starkes Beruhigungsmittel hinzufügte. Ich präsentierte ihn wieder dem Anästhesisten, der ihn einer weiteren Behandlung zum Versuch der Schmerzdämpfung unterzog, dieses Mal, indem er ihm eine Kanüle in die rechte Brust einführte, durch die wir ihm eine ständige Infusion zur lokalen Anästhesie einflößen konnten.

Leider schien auch keine dieser Maßnahmen von nachhaltiger Wirkung zu sein, und gegen Ende seiner zweiten Woche im Hospiz sagte Sean, seine Schmerzen seien „schlimmer als je zuvor". Die vom Pflegepersonal aufgezeichnete Krankengeschichte aus dieser Zeit legt nahe, daß er zu dieser Zeit spürte, daß seine Lage unkontrollierbar war, und seine Verzweiflung wird dort als „hoffnungslos" und „panisch" beschrieben.

Bei einer Teambesprechung über Seans Zustand konstatierten wir, daß seine Nächte schlimm waren, weil er im Wachzustand überwältigende Schmerzen empfand und, wenn ihm das Schlafen gelang, von schrecklichen Alpträumen heimgesucht wurde. Zudem berichteten einige Mitglieder des Pflegepersonals, er reagiere auf starke Schmerzmittelzufuhren inkonsistent und unberechenbar. Schließlich erwähnten auch verschiedene Betreuerinnen, Sean könne von seiner jetzt offenkundig weit fortgeschrittenen Krankheit nur so sprechen, daß er sie als „kurzfristigen Rückschlag" bezeichne und äußere, er sei „der vollen Zuversicht, daß die Chemotherapie jetzt wirken werde".

Obwohl wir uns alle darin einig waren, daß zu Seans Schmerzen auch eine aktive emotionale Komponente beitrug, erzählten eine ganze Reihe von Mitgliedern des Teams ähnliche Episoden. Alle hatten ihn auf auf seine Krankheit ansprechen wollen, aber nur die frustrierende Erfahrung gemacht, dabei nicht an ihn herankommen zu können. Wir erörterten, was wir sonst noch für ihn tun könnten, aber unsere Möglichkeiten schienen sehr begrenzt zu sein. Wir konnten entweder hartnäckig weiter versuchen, ihn auf seinen Zustand anzusprechen, in der Hoffnung, Zeit und Ausdauer könnten etwas verändern, oder wir konnten seine sedierende Medikation noch mehr steigern. Obwohl wir das Gefühl hatten, schon nahe an die Grenzen dessen gegangen zu sein, was wir ihm bieten konnten, kamen wir überein, die gegenwärtige Behandlungsstrategie weiter zu verfolgen, und wir vereinbarten, nach einer Woche wieder zu besprechen, ob ein Erfolg zu sehen sei.

An diesem ziemlich hoffnungslosen Punkt faßte ich zum ersten Mal die Möglichkeit ins Auge, mit Sean einige Imaginationsübungen zu machen. Ich hatte schon einige Erfahrung auf diesem Gebiet des Arbeitens mit inneren Bildern und hoffte, daß ihm diese Methode vielleicht den Zugang zu seinem Unbewußten erschließen könnte, den er unbedingt finden mußte, wenn er an jene tiefe, verborgene Emotion rühren und sie ausdrücken wollte, die ich dort vermutete. Ich war der zuversichtlichen Meinung, wenn ich damit Erfolg haben würde, könne das auch zu einer Verminderung seiner physischen Schmerzen führen.

Später an diesem Tag besuchte ich Sean, setzte mich an sein Bett und versuchte ihm zu erklären, wie diese Technik, die ich als eine Art Visualisierungsübung beschrieb, ihm vielleicht helfen könnte. Zunächst redete ich mit ihm über die Natur des Schmerzes und erläuterte ihm, daß der Schmerz nicht nur den Körper, sondern auch Geist, Gefühle und Empfinden des Menschen betreffe, weshalb wir ihn als „totalen Schmerz" bezeichneten. Dann zeichnete ich ihm einen Eisberg in Form eines Dreiecks auf, dessen Spitze über den Wasserspiegel reicht. Unter dieser Oberfläche liegt die gewaltige Masse des Eisbergs.

Ich zeigte auf den Eisberg und sagte zu ihm: „Das hier bedeutet Ihre Schmerzen. Was Sie spüren, ist sozusagen diese Spitze hier über der Oberfläche. Aber wie beim Eisberg liegen die Wurzeln Ihrer Schmerzen tief unter Oberfläche. Einige

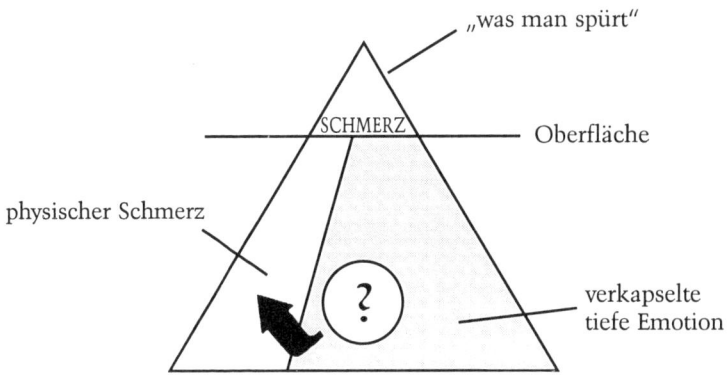

davon kennen wir, zum Beispiel die physischen Ursachen Ihrer Schmerzen, und das hat uns bei der Behandlung einiges geholfen. Aber Ihr Schmerz hat auf unsere Behandlung nicht so reagiert, wie wir das erhofft und erwartet hatten, und darum *kann* er wichtige andere Komponenten haben, wie zum Beispiel Emotionen, die so tief in Ihnen verkapselt sind, daß Sie sie überhaupt nicht mehr wahrnehmen können. Bleiben diese tiefen Emotionen unbekannt, dann besteht Ihr einziger Ausweg vielleicht in physischen Schmerzen. Das könnte der Grund dafür sein, warum Ihre Schmerzen so ungemein schwierig in den Griff zu bekommen sind. Das Üben mit inneren Bildern könnte es dieser verkapselten Emotion ermöglichen, sich über Bilder ihren Ausdruck zu verschaffen, und sie braucht dann nicht mehr sozusagen Ihre physischen Schmerzen als Megaphon zu verwenden."

„Wenn das meinen Schmerzen abhilft", erwiderte Sean, „bin ich bereit, es auf einen Versuch ankommen zu lassen. Dafür versuche ich *alles* ..."

Dann schilderte ich ihm ausführlich, worum es bei dieser Methode gehe; daß wir uns ungefähr eine Stunde am Stück Zeit nehmen müßten, und daß er während dieser Stunde meist mit geschlossenen Augen dasitzen und darauf achten werde, was das „Auge seines Geistes" an inneren Bildern und Abläufen sehe. Meine Rolle werde darin bestehen, ihm Anweisungen zu geben, Vorschläge zu machen oder Fragen zu stellen. Ich sagte ausdrücklich, wenn er zu irgendeinem Zeitpunkt bei dem, was dabei vor sich gehe, Angst bekomme oder sich unbehaglich fühle, sei er völlig frei, seine Augen zu öffnen und mit mir zu besprechen, was jetzt geschehe.

Wir veranstalteten unsere erste Imaginationsübung am folgenden Nachmittag in einem stillen Raum abseits seiner Station. Sean wirkte bleich, unwohl und krank und beschloß, sich zunächst einmal auf die Liege zu legen. Nach einer einfachen Anfangsübung zur Entspannung führte ich ihn durch eine gelenkte Visualisierungsübung. Dabei lud ich ihn ein, sich vorzustellen, wie er in einem kleinen Ruderboot über die flache, stille Meeresoberfläche fahre. Beim Rudern solle er die warme Sonne auf seinem Gesicht und den sanften Wind in seinen Haaren spüren. Nachdem er eine Weile gerudert hatte, forderte ich ihn auf, die Ruder auf den Boden des Boots zu legen und, wenn ihm das recht sei, langsam und behutsam über den Rand des Boots zu steigen und sich ins Wasser gleiten zu lassen. Für eine kurze Zeit solle er so verharren, sich am Rand des Bootes festhalten und das warme Wasser wahrnehmen, das seinen Körper umhülle. Dann lud ich ihn ein, wenn er wolle, solle er sich jetzt vorstellen, wie er das Boot loslasse, und dabei genau darauf achten, was er dabei empfinde; und er solle mir sagen, was dann geschehe. Er beschrieb mir, wie er beschließe, das Boot loszulassen, und wie er sich dann frei schwimmend spüre; er beginne, beim Schwimmen durchs Wasser zu plantschen und zu spielen. Dann aber schaue er auf und stelle fest, daß das Boot schon ziemlich weit von ihm weggedriftet sei, ohne daß er das bemerkt habe, und er gerate in Panik und habe Angst unterzugehen. An diesem Punkt schlug ich vor, er solle sich vorstellen, wie das Boot wieder näherkomme, er hineinsteigen könne und wieder in Sicherheit sei.

Jeder Schritt bei diesem Prozeß sah vor, daß Sean selbst entscheiden konnte und die Freiheit besaß, an jedem beliebigen Punkt aufzuhören. Gegen Ende dieser Visualisierung bat ich ihn, seine Imagination wieder darauf zu richten, wie er im Boot sei. Dann stellte ich ihm die Frage: „Wenn Sie jetzt Sean in dieser Situation anschauen – können Sie mir da sagen, was Sean Ihrem Gefühl nach unverzüglich am meisten braucht?" Ohne zu zögern kam von ihm die Antwort: „Er kniet auf dem Boden des Boots, mit dem Kopf nach unten und erschöpft. Er braucht jetzt Ermutigung." Er begann zu weinen und weinte eine ganze Zeit lang, während er von seinem Vater erzählte, der vor fünfzehn Jahren gestorben sei. Er sagte, wie sehr dieser ihm fehle und daß er das Gefühl habe, die Gegenwart seines Vaters hätte ihm die Ermutigung geschenkt, die er gebraucht hätte. Die Sitzung schloß damit ab, daß ich ihm sagte, er habe einigen Mut bewiesen, sich auf das, was wir gerade unternommen hätten, einzulassen, und wir kamen überein, auf diese Weise weitere Sitzungen miteinander abzuhalten.

Im Lauf der darauffolgenden Woche verzeichnete Seans Krankengeschichte eine spürbare Verbesserung seiner Schmerzen. Wir konnten die Kanüle zum Einführen des Anästhetikums entfernen und die Dosen sowohl des Morphins wie des Beruhigungsmittels senken, denn anders als bisher machten sie ihn nun sehr benommen. Er hatte einen guten Schlaf, und wenn er gelegentlich einen Schmerzschub hatte, reagierte er angemessen auf die Verabreichung einer zusätzlichen Dosis starker Schmerzmittel.

Zusätzlich zur offensichtlichen physischen Besserung seiner Lage registrierte das Pflegepersonal jedoch auch eine Veränderung in Sean selbst – eine eindeutige, wenn auch noch sehr subtile Veränderung. Er war immer noch Sean, aber nicht mehr der verzweifelt kämpfende Eingesperrte, der er gewesen war. Hatten bislang die Schmerzen sein gesamtes Dasein im Wachzustand beherrscht und waren diese das einzige gewesen, worüber er mit seinen Betreuern hatte sprechen wollen, so hatte er jetzt eine ganz neue Einstellung zu den ihm noch verbleibenden Schmerzen. So konnte er zum Beispiel sagen: „Zeitweise sind die Schmerzen immer noch da, aber jetzt kann ich damit leben. Das ist nicht mehr das gleiche Problem wie bisher." Er wirkte entspannter, war mehr als bisher fähig, sich einfach in seine Kissen zurücksinken zu lassen, plauderte über sein Leben in Frankreich und schien, anders als bisher, daran interessiert zu sein, die ihn betreuenden Menschen näher kennenzulernen.

Am 25. Mai wurde Sean in die Obhut seiner Mutter und Schwestern und seiner Hausärztin entlassen; außerdem erhielt der weiter vorgesehene Heimpflegedienst genaue Instruktionen über seine Betreuung. Da er und ich uns während seiner Zeit im Hospiz ganz gut kennengelernt hatten und er das Gefühl hatte, unsere gemeinsamen Imaginationsübungen hätten ihm recht gut getan, kamen wir überein, in dieser Form in ungefähr vierzehntägigen Abständen miteinander weiterzuarbeiten.

In den auf seine Entlassung folgenden Wochen blieb Sean fast schmerzfrei, obwohl er, für alle deutlich sichtbar, immer dünner und schwächer wurde. Während dieser Zeit fuhr ihn immer eines seiner Familienmitglieder zu unseren Sitzungen ins Hospiz, solange er noch einigermaßen mobil war. Unsere Sitzungen begannen jeweils mit einer kurzen Plauderei darüber, wie sich physisch und emotional fühlte, und dabei besprachen wir auch eventuelle Modifikationen seiner Medikation. Seine Symptome waren zum größten Teil relativ unbedeutend und gaben keinen Anlaß zu großen Ängsten. Wir wußten beide, daß der eigentliche Zweck unserer Treffen in dem bestand, was wir inzwischen als unser „image check-in" („Einchecken in die Imagination") bezeichneten. Gelegentlich hieß das, daß wir über bestimmte Träume sprachen, die er seit unserer letzten Begegnung gehabt hatte und die ihm in lebhafter Erinnerung geblieben waren oder ihm besonders stark oder wichtig vorkamen. Doch gewöhnlich bestand das check-in darin, daß ich ihn einlud, seine Augen zu schließen, sich zu entspannen und seine Phantasie nach dem Bild von irgend etwas abzusuchen, das er gerade an diesem Tag anschauen sollte. Die folgende Beschreibung skizziert eine dieser Imaginations-Sitzungen, die typisch war für die Sitzungen während seiner letzten Wochen. Sie fand bei seinem Besuch in der Ambulanz unseres Hospizes am 5. Juni statt.

Sean hatte bei seinem Kommen an diesem Tag bleich ausgesehen und sich beklagt, unter Benommenheit und Übelkeit zu leiden. Nach einem kurzen Gespräch über seine Erlebnisse in den letzten Tagen geleitete ich ihn durch die inzwischen vertraute Entspannungsübung. Ich lud ihn ein, auf sein Gefühl der Übelkeit zu achten und in seinem Geist ein Bild hochkommen zu lassen, das diese Erfahrung veranschaulichen könnte, ein Bild, das ihm vielleicht etwas zeigen könnte, dessen er sich bewußt werden sollte. Alsbald gab er zur Antwort, er stehe in einem kleinen Boot und schaue auf ein gewaltiges Linienschiff, das langsam aus dem Hafen fahre. Er habe das Gefühl, daß er lieber auf dem Schiff sein würde. Ich bat ihn, sich vorzustellen, er sei an Deck des Schiffes, und zu beschreiben, was er von dort aus sehe. Er schilderte, wie er beim Schauen über die Reling des Schiffes das kleine Boot sehen könne, in dem er gewesen sei, und zu seiner Überraschung stelle er fest, daß darin jetzt jemand anders sei, ein alter Mann, der wie ein Kapitän aussehe. Er fing an, sich mit diesem Mann zu unterhalten; dabei drückte er ihm seine Bewunderung aus und äußerte ihm gegenüber, ihm sei klar, daß ja „jemand dableiben müsse, um auf den Hafen aufzupassen". Der alte Mann entgegnete hierauf: „Jeder von uns hat seinen eigenen Weg." Als ich ihn fragte, welches Gefühl er bei Antritt dieser Reise gehabt habe, antwortete Sean: „Ich empfand ein bißchen Angst, weil ich nicht weiß, wohin dieses Schiff fährt, und wenn ich auf die Hafenmole zurückschaue und meine Lieben dort stehen sehe, fühle ich mich traurig. Aber ich empfinde auch Erregung, Licht, Sonne, Leben. Ich spüre, daß ich unterwegs herrliche Dinge erleben werde. Ich reise sehr gern."

Bei den darauffolgenden Sitzungen tauchten immer wieder Boote unterschiedlicher Formen und Größen als Teil des Themas „Aufbruch zu einer Reise" auf. Die Gefühle, die er bei diesen Sitzungen äußerte, reichten von Enttäuschung, Angst, Furcht und Traurigkeit bis hin zu Freude, Erregung und Hoffnung. Diese ganze Zeit hindurch waren wir alle, die Sean betreuten, der einhelligen Meinung, daß er trotz seiner sich zunehmend verschlechternden Lage überraschend gut mit sich selbst zurechtkam.

Während der Sitzung in seiner Wohnung am 12. Juli, die sich als die letzte erweisen sollte, weil er zwei Wochen danach starb, sah Sean sich als Wanderer durch eine Nebellandschaft. Ich regte ihn an, sich vorzustellen, er stoße auf eine Schatztruhe, die er, wenn er es wolle, öffnen könne, und in der etwas liege, was er derzeit besonders dringend brauche. Er öffnete ihren Deckel, schaute hinein und fand „ein herrliches, schnittiges weißes Schnellboot. Es hat keinen Motor. Es braucht keinen. Es läuft mit Luft." Er sagte, er spüre, daß ihn dieses Boot „aus dem Nebel hinaus ins Klare" bringen könne.

Er stieg in das Boot, und tatsächlich trug es ihn aus dem Nebel hinaus. Dann sah er einen jungen, ungefähr siebzehn Jahre alten Mann mit einem blutverschmierten weißen Hemd. Das Blut stammte aus einer Wunde in seiner Brust. Der junge Mann war nicht allein. Eine ungefähr gleichaltrige junge Frau war bei ihm. Er stand nach vorn gebeugt da; sie stützte ihn, indem sie ihren Arm um ihn legte. Zunächst sah sie nicht, was für eine schlimme Verletzung er hatte, aber dann erblickte sie seine Wunde und führte ihn ins Krankenhaus.

Während dieser letzten Wochen und Tage sprach Sean nie offen mit mir oder jemand anderem aus unserem Team über die Verschlimmerung seiner Lage oder seine schlechte Prognose; allerdings äußerte er auch nicht mehr seine Erwartung, geheilt zu werden. Einige Wochen nach seinem Tod erhielt ich einen Brief von seiner Mutter, in dem sie sich bei mir und allen, die sich um Sean gekümmert hatten, bedankte. Zum Schluß schrieb sie: „Weil Sie regelmäßig mit Sean gesprochen haben, war er imstande, kurz vor seinem Sterben noch mit uns über seinen Tod zu reden. Wir glauben, daß ihm das Frieden geschenkt hat. Für uns war das eine große Hilfe."

Sean war Lehrer gewesen, und ich jedenfalls habe viel von ihm gelernt. Nach seinem Tod empfand ich eine Mischung aus Traurigkeit und Erleichterung. Ich war auch überrascht darüber, daß sich für ihn alles so positiv entwickelt hatte, und mich beschäftigte die Frage, wie das gekommen war. Vor unseren Imaginationsübungen hatte mich Seans zunehmende Qual an diejenige von Jackie erinnert, und ich hatte mich entsprechend hilflos und zunehmend alarmiert gefühlt. Seine Qual war ein Gemisch aus schrecklichen physischen Schmerzen und der Angst, was diese Schmerzen bedeuten könnten, gewesen. Alle unsere Beratungsbemühungen waren fruchtlos geblieben, weil er sich geweigert hatte, seine Schmerzen als etwas anderes als ein rein physisches Problem zu betrachten. Bestimmt hatte die erste Sitzung mit Imaginationsübungen für Sean einen Wendepunkt dargestellt. Aber woran genau hatte das gelegen?

Ich hatte das Arbeiten mit inneren Bildern im Rahmen meiner Psychotherapie-Ausbildung gelernt und es persönlich als ungemein wirksame psychologische Technik erfahren. Ich wußte auch, daß man derzeit unter ganz unterschiedlichen medizinischen Bedingungen mit Visualisierungsübungen arbeitete und es sich erwiesen hatte, daß dies auf dem Weg über das unwillkürliche oder autonome Nervensystem zu physiologischen Veränderungen führen konnte. Mein Entschluß, Sean die Möglichkeit anzubieten, auf diese Weise zu arbeiten, war einzig der Hoffnung entsprungen, sie könne seinen physischen Schmerzen abhelfen. Inzwischen ist mir klar geworden, daß dieser Rückgriff auf eine psychotherapeutische Methode eher ein naives und verzweifeltes Greifen nach dem berühmten Strohhalm war als eine sorgsam geplante Strategie. Meine Motivationen waren im besten Fall gemischt, und es war nicht ohne Risiko, mit einem Menschen in einer derartigen Situation emotionaler Verzweiflung Imaginationsübungen zu machen. Ja, natürlich hatte ich Sean helfen und seine entsetzlichen physischen Schmerzen lindern wollen, aber ich hatte es auch deshalb getan, weil ich es einfach unerträglich fand, überhaupt nichts zu tun, und weil mir mit dem Vorschlag, ihm einfach noch stärkere sedierende Mittel zu geben, den damals eine Minderheit des Pflegeteams machte, einfach nicht wohl war.

Ich freute mich, daß diese Maßnahme Seans physische Schmerzen offensichtlich gelindert hatte; was mich jedoch wunderte und verwirrte, war der subtile, aber eindeutige psychologische Wandel, der an Sean ebenfalls deutlich wurde, und von dem auch seine Familienangehörigen und alle seine Betreuer sprachen. Hatte ich es zunächst als äußerst mühsam empfunden, an Seans Bett zu sitzen, so war es später eine

Freude, mit ihm eine Stunde lang zu üben. Schließlich verließ ich die Sitzungen mit dem Gefühl, in gewisser Hinsicht sei ich derjenige, der von ihm ermutigt und getröstet werde.

Wieder blieb ich also mit Fragen darüber zurück, was sich nun eigentlich genau abgespielt hatte, genau wie in den Fällen von Emma und Bill. Jetzt allerdings hatte ich einen ersten Anhaltspunkt: Der Wechsel war eingetreten, nachdem Sean in die Welt seiner inneren Phantasie und Bilder eingetreten war. Irgendwie hatte diese Begegnung mit den Bildern, die aus seiner tiefsten inneren Erfahrung aufgestiegen waren, auf eine stille, aber radikale Weise die Qualität seines Lebens und Sterbens verwandelt.

Teil 2

Zeichen und Symptome

Diese Mühsal, durch noch Ungetanes
schwer und wie gebunden hinzugehn,
gleicht dem ungeschaffnen Gang des
Schwanes.

Und das Sterben, dieses Nicht-
mehrfassen
jenes Grunds, auf dem wir täglich
stehn,
seinem ängstlichen Sich-Nieder-
lassen – :

in die Wasser, die ihn sanft
empfangen
und die sich, wie glücklich und
vergangen,
unter ihm zurückziehn, Flut um Flut;
während er unendlich still und sicher
immer mündiger und königlicher
und gelassener zu ziehn geruht.

Rainer Maria Rilke, Der Schwan[2]

*Als ich mit extremen Leidenssituationen wie derjenigen
Jackies konfrontiert wurde und dann deren zufällig schei-
nende und unerklärliche Auflösung bei Menschen wie Emma,
Bill und Sean erlebte, stand ich vor Fragen, auf die ich keine
Antworten wußte. Diese unbeantworteten Fragen haben mich
über viele Jahre lang zu einer persönlichen und professionellen Suche motiviert. In dieser Zeit habe ich zwei Modelle ge-*

---

[2] R. M. Rilke, Neue Gedichte (1907). Zitiert nach der Ausgabe der Werke im
Insel Verlag 1980, Band I-2, S. 266.

funden, ein mythologisches und ein psychologisches, sowie ein bestimmtes Vokabular und eine Terminologie, die dabei helfen können, derartige Formen des Leidens mit neuen Augen zu sehen, sie zu benennen und mit ihnen umzugehen.

Man könnte sagen, daß das, was wir jetzt am dringendsten brauchen, genau wie zu Galileis Zeit nicht so sehr neue Fakten sind (davon gibt es genug, ja eine verwirrende Fülle auf allen Gebieten), sondern eine neue Art und Weise, diese Fakten zu betrachten und aufzunehmen. Eine neue Art des Sehens, verbunden mit einer neuen Art des Handelns – das ist es, was wir brauchen.

Teilhard de Chardin

Chiron: ein Vorbild aus der Mythologie

Der griechische Mythos von Chiron, dem verwundeten Heiler, ist eine uralte Geschichte jenes verzweifelten Kampfes, dessen Zeuge ich bei Jackie und Sean gewesen war. Dieser Mythos versucht zu deuten, welche Qualität und welchen Sinn diese Qual hat, und zugleich gibt er Hinweise darauf, wie der einzelne die ersten Schritte über ein solches Leiden hinaus bis zu einem Ort der Heilung hin machen könnte.

Obwohl dieser Mythos vermutlich vor ungefähr dreitausend Jahren zum ersten Mal erzählt worden ist, also zur Zeit der Morgendämmerung der westlichen Zivilisation, wird vermutet, daß seine Ursprünge sehr viel weiter zurück gehen, ja daß sie womöglich über hunderttausend Jahre bis zu den schamanischen Erzählungen der Steinzeit zurückreichen. Diese Erzählungen handelten von Stammes-Priesterärzten als den frühesten „verwundeten Heilern". Man glaubte, diese Menschen verdankten ihre Fähigkeit, andere zu heilen, direkt dem Umstand, daß sie in die Tiefen ihres eigenen verwundeten Selbst gereist waren.

Was mir besonders relevant am Chiron-Mythos zu sein scheint, ist, daß wir in ihm die erste westliche Ausprägung einer in der gesamten Menschheit verbreiteten Erzählung vom „verwundeten Heiler" vor uns haben. Damit stellt er sozusagen die archäologischen Grundmauern vieler unserer heutigen Einstellungen zum Leiden und zum Tod dar und zwar in einer Form, die speziell auf das westliche Bewußtsein zugeschnitten ist. Er bietet eine neue (und zugleich uralte) Möglichkeit, jene spezifische Art von Leiden zu betrachten und zu behandeln, dessen Zeuge ich bei Menschen wie Jackie und Sean gewesen war, und er sagt mir auch klar und mit Nachdruck etwas für meine eigene Erfahrung.

Chiron wurde als Zentaur geboren, mit dem Kopf und Oberkörper eines Menschen und dem Leib eines Pferdes. Er wurde nämlich gezeugt, als sein Vater, einer der Götter, sich in ein Pferd verwandelte und eine sterbliche Nymphe vergewaltigte. Folglich war er halb Pferd, halb Mensch und zugleich halb sterblich, halb unsterblich. Das bei seiner Geburt verworfene und verlassene Kind adoptierte der Sonnengott Apollo, zog es auf und lehrte es sein ganzes Wissen. Chiron wurde ein weiser und geachteter Lehrer, der für seinen scharfen Verstand und viele Kunstfertigkeiten bekannt war. Er wurde zum Mentor einiger der größten griechischen Helden, darunter auch Herakles.

Zwar war Chiron zivilisiert und kultiviert, doch konnte man dasselbe nicht von anderen Zentauren sagen, die dafür berüchtigt waren, daß sie nach dem Genuß von Wein zu gewalttätigen Ausschreitungen neigten. Eines Tages brach bei einem Hochzeitsmahl eine Schlägerei zwischen einer rüpelhaften Gruppe betrunkener Zentauren und den übrigen Gästen aus. Herakles, der unter den Gästen war, schoß im Handgemenge einen vergifteten Pfeil auf die Zentauren. Zufällig befand sich Chiron mitten unter ihnen, und der Pfeil traf ihn ins Knie. Da Chiron zur Hälfte unsterblich war, tötete ihn der Pfeil nicht, sondern fügte ihm nur eine quälende, unheilbare Wunde zu.

Hatte seine erste Lebenshälfte Chiron Erfolg und Anerkennung bei den Königen und Helden Griechenlands eingebracht, so wurde er in der zweiten Hälfte zum Einsiedler, der sich in die Berge zurückzog, um seine Wunde zu pflegen und sich verzweifelt auf die Suche nach Erlösung von seinem Leiden zu machen. Diese Suche sollte den Rest seines Lebens dauern. Während er für sich selbst keine Heilung finden konnte, erlangte er Weisheit in der Anwendung aller Arten von Heilkräutern und Mitleid für das Leiden anderer. Die, welche ihn jetzt aufsuchten, waren nicht mehr die Reichen und Mächtigen, sondern die Blinden und Lahmen und Schmerzgeplagten, und er hieß sie willkommen und verschaffte ihnen Linderung. Sie nannten ihn den „verwundeten Heiler" und wunderten sich darüber, daß er sich selbst nicht heilen konnte.

Eines Tages kam Herakles zu ihm und brachte ihm die Nachricht, wenn Chiron bereit sei, seine Unsterblichkeit zugunsten des Prometheus zu opfern, der seit langer Zeit eine Strafe abbüßte, weil er sich über die Götter lustig gemacht hatte, könne auch er von seinem Leiden befreit werden. Chiron war damit einverstanden, starb und stieg hinab zur Unterwelt. Neun Tage und neun Nächte lang blieb er in der Finsternis des Todes. Dann hatte Zeus in Anbetracht der Großherzigkeit seines Opfers Erbarmen mit Chiron und schenkte ihm seine Unsterblichkeit wieder, indem er ihn als Sternbild zum Himmel erhob.

In diesem Mythos ist Chirons Verhalten von zwei radikal verschiedenen Ansätzen her bestimmt. Der erste, den ich als die „heroische Haltung" bezeichnen möchte, kommt in den Erfolgen und Kämpfen des ersten Teils seiner Geschichte zum Ausdruck. Der entscheidende Moment, in dem dieser Ansatz durch den anderen ersetzt wird, kommt, als Chiron die Wahl trifft, seine Unsterblichkeit aufzugeben und sie dem Prometheus zu schenken. Von da an gehen seine Taten von einem anderen Ansatz aus; jetzt handelt es sich um den „Weg des Abstiegs". Diese Wende bezeichnet den Übergang von einer Wirklichkeit in die andere, vom Oberen zum Unteren, vom Bekannten zum Unbekannten.

Die heroische Haltung und das medizinische Modell

Chirons früheres Leben, zunächst als gewissenhafter Schüler seines Stiefvaters und Mentors Apollo und später als Lehrer der Söhne griechischer Könige, zeigt, daß er sich ziemlich stark mit der heroischen Haltung identifizierte. Genau diese heroische Einstellung liegt auch der wissenschaftlichen westlichen Gesundheitsfürsorge zugrunde, wo man von ihr als „medizinischem Modell" spricht.

Das medizinische Modell geht davon aus, daß (allen) Krankheiten von Körper und Geist (sofern man sie genau genug unter die Lupe nimmt) eine Ursache zugrundeliegt; kann man diese Ursache herausfinden (= Diagnose) und es bewerkstelligen, sie zu entfernen, umzukehren, zu ersetzen oder zu umgehen (= Behandlung), kann man den *status quo* wiederherstellen (= Heilung). Offensichtlich funktioniert dieses medizinische Modell recht gut. Es hat für eine immer größere Zahl von Krankheiten Heilungen ermöglicht. Quantitativ gesehen, hat es das Leben unzähliger kranker Menschen verlängern geholfen, qualitativ hat es diese Leben spürbar verbessert.

Das medizinische Modell und die dahinterstehende heroische Haltung kommen allerdings immer dort in Schwierigkeiten, wo sie vor unlösbaren Problemen stehen. Im Mythos von Chiron geschieht das, als Chiron von einem Giftpfeil verwundet wird, der dem Bogen eines seiner Musterschüler entstammt – der ironischerweise das heroische Prinzip schlechthin verkörpert, nämlich Herakles. Die Wunde, die ihm dadurch zugefügt wird, ist nicht nur quälend, sondern auch unheilbar. Im westlichen Gesundheitswesen stellt sich die entsprechende Situation immer dann ein, wenn die Krankheit eines Patienten als unheilbar und zum Tode führend diagnostiziert wird. Für jeden von uns kommt dieser Augenblick unausweichlich. Ganz unabhängig davon, wie die Umstände im einzelnen sind und auf welche individuelle Weise wir in diese Situation geraten, eines Tages steht jeder von uns vor dem nüchternen Faktum, tödlich verwundet zu sein.

Der spontanen und hartnäckigen Reaktion Chirons auf diese Verwundung entspricht immer und immer wieder unsere Reaktion als Patienten und auch als Angehörige der Heilberufe, wenn wir mit einer tödlichen Krankheit konfrontiert werden. Hat sich der anfängliche Schock gelegt, so fangen wir damit an, unnachgiebig nach einem Heilmittel zu suchen und verzweifelt darum zu kämpfen, aus diesem Gefängnis des Leidens wieder herauszukommen. Die Haltungen, die sich aus dem heroischen Ansatz ergeben, sind tief eingefleischt, und in der Regel haben sie sich auch bei jedem von uns schon öfter bewährt, etwa bei der Bewältigung von Lebenskrisen. Wir unterstellen, es komme nur darauf an, sich noch mehr Mühe zu geben oder sich noch gründlicher nach der Heilmethode umzusehen, die es doch irgendwo geben müsse. Diese Reaktion bewirkt emotionales Leiden, für das die Gefühle der Frustration und der Ohnmacht typisch sind, sowie eine wachsende Angst vor dem, was die Zukunft wohl bringen mag. Diese Gefühle werden darüber hinaus begleitet von verletztem Stolz und empörtem Unglauben, es könne doch einfach nicht wahr sein, daß sich trotz allen Aufgebots an Mut, Können und größter Anstrengung kein Ausweg, keine Heilung finden lasse.

Der Paradigmenwechsel in Richtung Abstieg

Was bleibt dann also noch? Ist es uns aufgegeben, erschöpft zu sterben wie ein gefangener Vogel, der sich immer und immer wieder gegen die Fensterscheibe stürzt?

Die Geschichte von Chiron deutet an, daß es einen anderen Weg geben könnte, den Weg, auf den Herakles hingewiesen hat, als er zu Chiron von der Möglichkeit sprach, mit Prometheus zu tauschen. Der Pfad, den er damit wies, führte weder zur Höhe noch quer durch die Mitte, sondern nach unten, ins Zentrum von Chirons Wunde und in den Quellgrund seiner finstersten Ängste. Es handelt sich also um den Weg des Abstiegs.

Die radikale Wendung im Kernstück des Mythos von Chiron ist ein Beispiel für einen sogenannten „Paradigmenwechsel". Ein Paradigma ist ein plausibles Denkmodell, und man ordnet dabei bestimmte Situationen in einen vorgegebenen Raster ein.

Immer, wenn wir eine vorgegebene Anordnung von Umständen betrachten und dann auf diese reagieren, tun wir das anhand eines bestimmten Paradigmas. Es kann sein, daß wir auf ein und dieselbe Situation auf sehr unterschiedliche Weise reagieren, je nachdem, welches Paradigma unserer jeweiligen Reaktion zugrundeliegt. Die meisten von uns werden sich solcher Paradigmen nur in dem Augenblick bewußt, in dem sie von einem Paradigma auf ein anderes übergewechselt haben. Das ist dann der Fall, wenn wir jäh spüren, daß wir einen vertrauten Umstand plötzlich mit ganz anderen Augen sehen und anders mit ihm umgehen als bisher. Nehmen wir als Beispiel einen kleinen Jungen, der schreckliche Angst vor dem Ungeheuer hat, das jede Nacht in der Wand direkt neben seinem Bett röchelt. Schließlich nehmen ihn seine Eltern mit nach nebenan und zeigen ihm den blubbernden Ausguß im Bad. Von da an sieht der kleine Junge die Lage mit völlig anderen Augen und hat keine Angst mehr vor diesen Geräuschen. Er hatte einen Paradigmenwechsel vollzogen, ein neues Vorstellungsmodell übernommen.

Beim heroischen Ansatz handelt es sich um ein solches Paradigma, beim Weg des Abstiegs um ein anderes. Aus der Sicht des heroischen Ansatzes betrachtet man Chirons tödliche Wunde als Problem, das man lösen muß; sie ist ein Hindernis dafür, sein Leben genauso wie bisher weiterleben zu können. Ganz anders sind die Perspektiven, wenn man vom Paradigma des Abstiegsweges her kommt: Hier erweist sich diese tödliche Wunde als Weg, der mitten durch das Leiden hindurch in eine neue Wirklichkeit hineinführt, und damit erscheint sie als Tor zur Heilung. Dieser radikale Perspektivenwechsel kostet Chiron, wie der Dichter T. S. Eliot es ausgedrückt hat, „nicht weniger als alles" und wird durch das Zusammenwirken einer ganzen Reihe von Faktoren möglich. Zu diesen Faktoren gehören der richtige Zeitpunkt, bestimmte äußere Umstände und Ereignisse und ein persönlicher Entschluß.

Beide Paradigmen sind zu unterschiedlichen Zeiten und auf ganz verschiedene Weisen für den Sterbeprozeß wesentlich. In den Frühstadien der tödlichen Krankheit ist gewöhnlich der

heroische Ansatz das vorherrschende Paradigma und hilft auch
spürbar. Er äußert sich in den Bemühungen, die Leiden des Betreffenden in physischer, emotionaler und sozialer Hinsicht zu
erleichtern und in Grenzen zu halten. Es ist durchaus möglich,
daß im Einzelfall die Wunde noch gar nicht tödlich ist und
sich immer noch ein Ausweg finden läßt, wenn man nur angestrengt und lange genug darum kämpft, ihn zu finden. Zudem ist dieses Paradigma weit über seine unmittelbaren Auswirkungen hinaus wertvoll, denn es hilft, die emotionalen Bedingungen zu schaffen, die den entscheidenden Paradigmenwechsel leichter machen. Für jeden, der stirbt, kommt eine Zeit,
zu der er weiß, daß er selbst und alle anderen alles Erdenkliche
für ihn getan haben, und wo ihm klar wird, daß die heroische
Haltung ausgereizt ist und das weitere Ankämpfen gegen das
Unvermeidliche nicht nur vergebens, sondern sogar schädlich
ist und seine Leiden und Qualen nur noch verstärkt. Wenn ein
Mensch in diesem Augenblick das Kämpfen aufgibt und sich
dem Zug seiner inneren Schwerkraft, dem neuen Paradigma
anvertraut, hat der Weg des Abstiegs bereits begonnen.

Für leidende Menschen bedeutet die Hinwendung zum Weg
des Abstiegs einen radikalen Wechsel der Perspektive. Auch
wenn ihre Situation vielleicht genau die gleiche bleiben mag,
erfahren sie sie dann auf ganz andere Weise. Es ist, als wären
sie von einem zu engen Ort, an dem die Angst vorherrschend
war, umgezogen in einen offeneren Raum. Anzeichen dafür,
daß dieser Wechsel stattgefunden hat, sind unter anderem das
Nachlassen des emotionalen Drucks und der Gefühle der
Trauer sowie das Wiederauftauchen der Ahnung, daß das alles
schon seinen Sinn habe.

Die Fünf Abschnitte des Mythos von Chiron

Die beiden Paradigmen, die dem Chiron-Mythos zugrunde-
liegen, kann man also als die „heroische Haltung" und den
„Weg des Abstiegs" beschreiben. Der Wert dieses Mythos als
Hilfsmittel beim Begreifen dessen, welche Erfahrung sterbende

Menschen machen, läßt sich noch beträchtlich steigern, wenn man seine fünf einzelnen Abschnitte genauer betrachtet. Es sind das Verwundetwerden, der Kampf, die Entscheidung, der Abstieg und die Wiederkehr. Ich will jetzt Seans Geschichte anhand dieser verschiedenen Abschnitte des Mythos noch einmal schildern.

Das Verwundetwerden

Chiron wurde zweimal verwundet. Seine erste Verwundung erhielt er schon sehr früh in seinem Leben, als ihn seine Eltern ablehnten und aussetzten. Seine zweite Verwundung wurde durch den von Herakles abgeschossenen Pfeil verursacht.

Die erste Verwundung stellt die Verletzungen und Narben dar, die wir alle tragen, insofern wir Menschen und lebendige Wesen sind. Für Sean ergaben sich diese Verletzungen besonders durch den Verlust seines Vaters im Teenageralter. Seine tödliche Verwundung kam dann mit seiner lebensgefährlichen Krebserkrankung. Die unkontrollierbaren physischen Schmerzen, die ihn befielen, waren ein Symptom der zweiten, unheilbaren Wunde, und zugleich auch eine Äußerung dieser früheren, unverheilten Verletzungen, die sich jetzt wieder neu bemerkbar machten.

Der Kampf

Für einen Sterblichen hätte der Giftpfeil den Tod bedeutet. Da Chiron jedoch ein Halbgott war, starb er nicht daran, sondern war statt dessen zu einem schmerzvollen ständigen Sterben verurteilt. Er zog sich in seine Höhle und in sich selbst zurück, und die einzigen Ausfahrten, die er in die Welt unternahm, dienten der zunehmend verzweifelten Suche, eine Heilung für sein Leiden zu finden.

Der mittlere Abschnitt von Seans Geschichte läßt sich in diesem Licht betrachten. Chirons Sich-Abmühen und seine moderne medizinische Entsprechung, nämlich das medizinische Modell, stimmen offensichtlich darin überein, daß man alles versucht, um sowohl den Krebs wie die Schmerzen zu heilen. Während anfangs die positiven Auswirkungen der Zusammenarbeit zwischen Sean und dem Medizinerteam deutlich sichtbar waren, wurden sie das in den späteren Stadien immer geringfügiger. Zwar verlagerten sich die Anstrengungen von der Bekämpfung des Krebses auf die Linderung der Schmerzen, aber dennoch bemühten sich alle Beteiligten noch darum, „alles wieder zu bessern", verbunden mit dem Gefühl, man bekäme das Problem einfach nicht richtig in den Griff. Obwohl die Ursachen für Seans physische Probleme exakt diagnostiziert waren, war diese Diagnose dennoch unvollständig, weil sie nur innerhalb des begrenzten Rahmens des medizinischen Modells gestellt worden war. Daher verwundert es kaum, daß sich die verschiedenen Behandlungen, denen Sean unterzogen wurde, als ineffektiv erwiesen. Sean verlangte nach mehr, als ihm geboten wurde. Seine Schmerzen hatten tiefe Wurzeln in seiner Psyche und Existenz, aber eine beträchtliche Zeit lang wurde dies nicht erkannt.

Die Entscheidung

Eines Tages suchte Herakles Chiron wieder auf und schlug ihm einen möglichen Ausweg aus seinem Leiden vor. Zeus hatte beschieden, daß Prometheus, den er gefangengesetzt hatte, weil er ihn betrogen und beleidigt hatte, nur dann wieder die Freiheit erlangen werde, wenn ein Unsterblicher ihm freiwillig seine Unsterblichkeit abtrete und sich selbst im Austausch für Prometheus anbiete. Chiron entschied sich für diesen Weg.

Bei bestimmten Menschen ist das medizinische Modell selbst unter extremen Umständen hilfreich, und dabei kann eine positive Einstellung entscheidend sein; bei anderen aber, wie etwa bei Sean, kommt der Zeitpunkt, wo dieser Ansatz nicht mehr weiterhilft. Dann braucht man eine neue Sicht der Lage, zu der gehört, daß man über die heroische Haltung hinausgeht. Doch aus verschiedenen Gründen ist das gar nicht so leicht. Wie sollte man auch das Ringen um die Heilung aufgeben, wenn es aus medizinischer Sicht vielleicht gar nicht sicher zu sagen ist, ob eine Krankheit tatsächlich „zum Tode" ist, und zudem noch, wenn es sich bei dem Patienten wie bei Sean um einen noch jungen Menschen handelt, der verzweifelt am Leben festhält? Wie können darüber hinaus Arzt und Patient den Kampf aufgeben, wenn beide glauben, darin liege die einzige Hoffnung, weil sie nicht sehen, daß es irgend etwas gibt, *in das hinein* man sich loslassen könnte, und wenn ihnen folglich als einzige Alternative die Niederlage im Tod vor Augen steht? Aus meiner Erfahrung als Arzt weiß ich, daß es sehr schwierig ist, mit einem Patienten diesen radikalen Perspektivenwechsel als positive Alternative zu besprechen, solange man im Rahmen des medizinischen Modells befangen bleibt; denn vor dem Hintergrund dieser Denkweise kann das nur so wirken, als lege man dem Patienten nahe, „das Handtuch zu werfen". Meine Idee, Sean auf den möglichen Wert des Arbeitens mit Imaginationen anzusprechen, war ein Versuch, ihn auf eine diskretere Weise zu diesem Paradigmenwechsel anzuleiten. Um ihn zur Mitarbeit zu gewinnen, blieb ich zunächst bewußt bei der Sprache des medizinischen Modells: Ich schlug ihm diese Methode als „Technik" zur Bekämpfung seiner Schmerzen vor.

Wie schwierig eine solche Aufgabe ist, läßt sich auch im mythologischen Rahmen aufzeigen. Hier geht es um nicht weniger als darum, daß Chiron sich dafür entscheidet, seine Unsterblichkeit preiszugeben und sich ins Unbekannte hinauszuwagen. Die Vorstellungen, „seine Unsterblichkeit preiszugeben" und „sich ins Unbekannte hinauszuwagen" gelten für Patienten und Betreuer natürlich eher im metaphorischen als im buchstäblichen Sinn. „Die Unsterblichkeit preiszugeben" bedeutet, daß sowohl Betreuer wie Patient sich dafür entscheiden müssen, ihre Illusion, allmächtig zu sein, aufzugeben: Sie müssen eingestehen, daß sie die tödliche Wunde nicht „versorgen" und daß sie den Tod auch mit dem größtmöglichen Bemühen nicht beseitigen können. „Sich ins Unbekannte hinauszuwagen" bedeutet, geradewegs auf das zuzugehen, wogegen man sich bislang mit Händen und Füßen gewehrt hat, nämlich auf den Schmerz einer tödlichen Wunde, um bereitwillig in den Kern einer solchen Erfahrung hinabzusteigen.

Damit soll nicht unterstellt werden, das Ankämpfen gegen die Krankheit, das man vom medizinischen Ansatz her unternimmt, sei lediglich ein Hemmnis, das man auf dem Weg zur inneren Heilung überwinden müsse. Eine solche Sicht wäre naiv und unzutreffend. Im Gegenteil – und das war auch bei Sean der Fall –: Das Ankämpfen dagegen gehört häufig in den Frühstadien dieses Prozesses ganz wesentlich dazu. Wenn Sean anfangs nicht energisch gegen seine Krankheit und die Schmerzen gekämpft hätte, wäre er nicht bis an den Punkt gekommen, an dem er sich auf seine Imaginationen einließ und schließlich einwilligte, den Abstieg anzutreten. Man könnte sagen: Sein mutiges Kämpfen hat ihn an den Rand seiner Kraft gebracht, an den Rand aller seiner Möglichkeiten und an den Rand seiner tödlichen Wunde; und das war schließlich die Stelle, an der er unausweichlich vor die Entscheidung gestellt wurde. Darüber hinaus hatte Sean aus der Erfahrung, daß mitten in seinem verzweifelten Kämpfen verschiedene Mitglieder des Pflegeteams trotz der vielen Schwierigkeiten und wiederholten Fehlschläge fest zu ihm gehalten hatten, ein gewisses Maß an Vertrauen gewinnen können. Dieses Vertrauen war wie ein kleines Boot auf einer stürmischen See und verschaffte ihm den relativ abgeschirmten und sicheren Raum, in dem er die Möglichkeit fand, sich zu entscheiden.

Die Wahl, vor der Sean stand, bestand also nicht darin, entweder „das Handtuch zu werfen" oder nicht, sondern darin, auf seine Tiefenerfahrung zu hören oder nicht. Er entschied sich für Letzteres, indem er den Bildern, die aus den Tiefen dieser Erfahrung aufsteigen, vertraute. Das Arbeiten mit seiner Imagination half ihm, das Zentrum seiner Aufmerksamkeit zu verlagern und sich in größere Tiefen führen zu lassen. Es leitete ihn dazu an, seine Verdrängung zu überwinden und führte ihn über sein Kämpfen hinaus bis in den Kern seiner Erfahrung; dabei blieb seine Verdrängung, soweit sie eine Schutzfunktion erfüllte, durchaus bestehen. Bald wurde klar, daß seine Schmerzen (wie eine Zwiebel) viele Schichten hatten. Tiefer als seine physischen Schmerzen war seine Trauer um den verlorenen Vater und noch tiefer seine Angst vor dem Tod.

Seans Geschichte und auch die anderen Geschichten, die in diesem Buch noch erzählt werden, muß man in diesem Kontext sehen. Bei meiner Arbeit mit todesnahen Patienten habe ich beobachtet, daß die meisten Menschen den Übergang vom heroischen Ansatz zum Beschreiten des Abstiegs in dem Augenblick spontan und auf ihre ganz persönliche Weise vollziehen, in dem sie dafür reif sind, und daß sie dann keines besonderen psychologischen Eingriffs bedürfen, um das zu schaffen. Bei ihnen geschieht die „Entscheidung" gewöhnlich unausgesprochen und unsichtbar. Die schlichte und effektive Sorge der sie Umgebenden und, was noch wichtiger ist, die stummen Eingebungen ihres eigenen gebrechlichen und ausgelaugten Körpers erleichtern ihnen den Übergang vom Kampf hin zum Absteigen und zwar so behutsam und natürlich, wie eine Mutter ihr Kind zu Bett legt. Das Arbeiten mit inneren Bildern oder eine andere Methode der Ergründung seelischer Tiefen kann immer dann von besonderem Wert sein, wenn sich jemand, der an sich für diesen Übergang reif ist, ähnlich wie Sean festgefahren hat und nicht weiterkommt; dann kann diese Methode dazu beitragen, ihm beim Durchbruch zu dieser Entscheidung zu helfen.

Der Psychotherapeut und Auschwitz-Überlebende Viktor Frankl schreibt: „Man kann einem Menschen alles nehmen, nur eines nicht: die letzte aller Freiheiten des Menschen, nämlich sich unter gleich welchen Umständen für eine bestimmte Einstellung zu ihnen zu entscheiden, und folglich für seinen ganz persönlichen Weg." Diese Äußerung unterstreicht, wie ungemein wichtig der Augenblick der Entscheidung ist; er ist der springende Punkt im Prozeß der tief innerlichen Heilung. Er bezeichnet den Paradigmenwechsel, bei dem der sterbende Mensch über die Haltung heroischen Kämpfens hinauswächst und auf dem Weg des Abstiegs ein neues Gelände betritt, für das es noch keine Wanderkarten gibt.

Der Abstieg

Und so starb Chiron und stieg in die Unterwelt des Tartarus hinab.

In Seans Geschichte bezieht sich das nicht auf seinen buchstäblichen Tod, sondern auf den metaphorischen Tod, der eintrat, als er über sein Kämpfen hinauswuchs und in die Tiefen seiner Erfahrung hinabstieg. Sein „Abstieg in den Tartarus" bestand darin, daß er Schritte über das ihm Bekannte, Vertraute und Konkrete hinaus in die Unterwelt seiner Imagination tat, also in eine ihm völlig unbekannte Welt, die von schattenähnlichen Bildern bevölkert war. Er war in die Traumzeit hinabgestiegen. Dort nun ist es genau wie in unseren Träumen: Wir haben zwar nicht unter Kontrolle, was als nächstes passiert, aber trotzdem sind wir nicht völlig machtlos. Wir besitzen immer noch die Freiheit der Entscheidung, mit welcher Einstellung wir der Unterwelt unserer Erfahrung entgegentreten wollen. Entweder können wir die – zu diesem Zeitpunkt überholte – heroische Einstellung beibehalten; dann plündern wir diese Tiefenwelt der Bilder nur aus, zerstören sie oder verkennen sie einfach. Oder wir können dieser neuen Situation gegenüber eine neue Einstellung entwickeln. Das tat Sean.

Sean ließ sich ganz auf das ein, was ihm in den Tiefen seiner Imagination begegnete. Er nahm es deutlich wahr, ging damit schöpferisch um und ließ sich von seinen Bildern überraschen und erziehen. Dadurch vertraute er der Tiefe, und dies wiederum versetzte die autonomen, heilenden Seiten der Tiefe in den Stand, ihre Arbeit an ihm zu beginnen.

Die Wiederkehr

Nach neun Tagen im Tartarus erhob Zeus das Bild des Chiron unter die Sterne am Firmament als das Sternbild des Zentauren.

Seans „Wiederkehr" bestand in dem spürbaren Wandel, der sich in ihm vollzog, nachdem er aus dem Abstieg in die Unterwelt seiner Imagination zurückgekehrt war. Alle, die in seinen letzten Wochen nahe um ihn waren, spürten, daß er jetzt irgendwie zutiefst „anders" war als vorher, gleichzeitig aber auch mehr „er selbst" als je zuvor. Diese rätselhafte Umwandlung, die für die „Wiederkehr" ganz typisch ist, beschreibt der Dichter Juan Ramon Jimenez sehr treffend in seinem Gedicht „Oceans":

Ich spüre, daß mein Boot
da drunten, in ganz großen Tiefen,
gestoßen ist an etwas Großes.
    Und nichts
geschieht! Nichts … Schweigen … Wellen
– Nichts geschieht? Ist etwa doch alles geschehen,
und wir bewegen uns jetzt lautlos schon im neuen Leben?

Sean wurde zwar durch diesen Prozeß nicht im buchstäblichen Sinne geheilt, aber er hatte jedenfalls sowohl quantitative als auch qualitative Veränderungen in seinem Leben bewirkt. Die quantitative Veränderung bestand darin, daß er nunmehr weniger physische Schmerzen hatte und die sedierenden Medikamente plötzlich wirkten, die er bislang fast wirkungslos eingenommen hatte. Die qualitative Veränderung wurde in seiner neuen Einstellung gegenüber seiner Krankheit und seinen Schmerzen offensichtlich. Während sein Körper von Tag zu Tag schwächer wurde, spürten die Menschen in seiner nächsten Umgebung, daß er nicht mehr voller Angst dagegen ankämpfte und daß er friedvoller geworden war. Er sprach nicht mehr davon, daß es bald „aufwärts" gehen werde und äußerte, er habe zwar immer noch Schmerzen, aber das sei für ihn „nicht mehr das gleiche Problem wie bisher". Diese Veränderungen verdankte er bestimmt zum Teil der emotionalen Läuterung, die er erfahren hatte, als er fähig geworden war, seine tiefsten Bedürfnisse zu äußern und die Erfahrung des Verlustes und der Trauer um seinen Vater hochkommen zu lassen und auszusprechen; zugleich verdankte er sie jedoch auch der Heilkraft seiner inneren Bilder.

Für mich persönlich wurde Seans „Wiederkehr" besonders darin deutlich, daß meine Begegnungen mit ihm in diesen letz-

ten Wochen ganz anders verliefen als zuvor. Hatte ich mich vorher von Sean und seinen überwältigenden Schmerzen eher vor
den Kopf gestoßen gefühlt, weil er mir den Eindruck vermittelt
hatte, ich sei unfähig, ein Versager, schuldig, panisch und aus-
gelaugt, so fühlte ich mich jetzt von ihm bereichert; es war, als
lernte ich von ihm etwas sehr Wichtiges. Hatte vorher die Rol-
lenverteilung eher in einer Beziehung eines (wenn auch als miß-
glückten) Heldes zu einem (wenn auch enttäuschten) Opfer
bestanden, so empfand ich sie jetzt eher als Beziehung eines
Menschen, der zufällig Arzt war, zu einem Menschen, der zufällig Patient war. Sean war zum verwundeten Heiler geworden,
was ein weiteres sicheres Kennzeichen seiner Wiederkehr war.

Die Oberfläche und das Tiefe:
ein psychologisches Modell

Chirons endgültige Heilung war eine Folge seiner Entscheidung,
seine Unsterblichkeit loszulassen. Seine tödliche Wunde wurde
zum Eingangstor in die Unterwelt des Hades, durch die er hinabzusteigen beschloß. Er spürte, daß seine Schmerzen jetzt aufgehört hatten, aber er wußte nicht, was als nächstes geschehen
würde. Hatte ihn die heroische Haltung auf die Entscheidung
vorbereitet, so brachte seine kooperative Einstellung auf dem
Weg des Abstiegs seine Heilung zuwege.

Der vorhergegangene Abschnitt beschreibt in mythologischer
Sprache eine zentrale Dynamik im Sterbeprozeß. Allerdings
wird vielleicht nicht genügend deutlich, welchen Wert und
welche Bedeutung diese Dynamik für sterbende Menschen und
die sie Begleitenden hat, wenn man ihn nicht in einer einfache-
ren und zugänglicheren Sprache beschreibt. Um diese über-
lieferte Weisheit mit unserer Alltagserfahrung zu verknüpfen,
könnte ein psychologisches Modell hilfreich sein. Es müßte
allerdings in Begriffen erklärt werden, die einerseits genau zutreffen, andererseits aber auch möglichst vielen Menschen zugänglich sind. Ob dieses Modell zutrifft, erweist sich letztlich
dadurch, daß es den Menschen spürbar hilft – sowohl denen,

die Sterbenskranke begleiten, als auch – was sogar noch wichtiger ist – den Sterbenden selbst, wenn sie schwach, erschöpft und verängstigt sind. Mit dem im folgenden skizzierten Modell von *Oberfläche* und *Tiefe* möchte ich versuchen, diesem Anspruch gerecht zu werden; es stützt sich auf Beschreibungen der menschlichen Psyche durch den Pionier der Tiefenpsychologie Carl Gustav Jung.

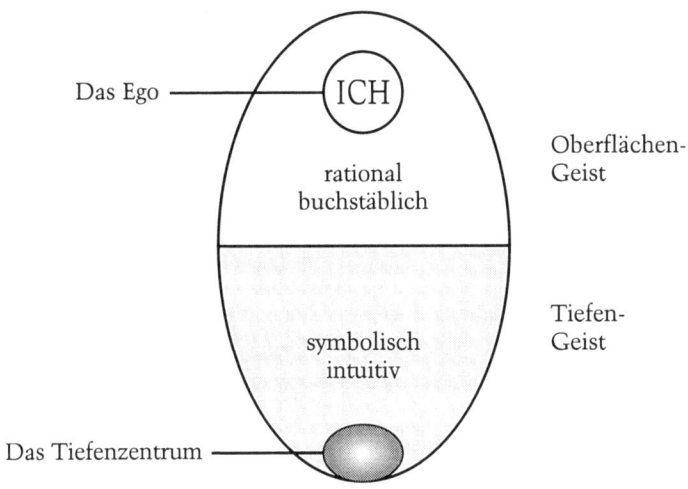

Das Ego —

ICH

rational
buchstäblich

Oberflächen-
Geist

Tiefen-
Geist

symbolisch
intuitiv

Das Tiefenzentrum —

Mit dem Begriff „Oberflächen-Geist" werden diejenigen Bereiche unseres Geistes bezeichnet, die die Wirklichkeit rational und buchstäblich erfassen. Der Oberflächen-Geist ist die Schicht des Geistes, die charakteristisch für das Verhalten des Menschen im Wachzustand ist, wenn er seinen Alltagspflichten nachgeht und sich auf andere Menschen und auf seine Umgebung einläßt. In dieser Schicht unseres Geistes bedienen wir uns der Worte und logischen Begriffe. Die Stärke des Oberflächen-Geistes besteht darin, daß er sehr gut analysieren und begreifen kann.

Das Ego oder das Ich ist der bewußte, alles organisierende Teil unseres Geistes. In den Begriffen des Chiron-Mythos gesprochen, könnte man das Ego und Chiron als ein und dasselbe bezeichnen. Das Ego ist im Oberflächen-Geist beheimatet. Dort fühlt es sich sicher, denn es befindet sich auf vertrautem Gelände, und normalerweise läuft hier alles auf vorhersehbare und geordnete Weise ab. Zudem erfährt sich das Ego im Bereich des Oberflächen-Geistes als Instanz, die alles im Griff hat und dieses Gefühl der Macht genießt. Das Ego operiert im Oberflächen-Geist mit dem heroischen Paradigma, genau wie Chiron auf dem Gipfel seiner erfolgreichen ersten Lebenshälfte.

Vom Oberflächen-Geist aus betrachtet das Ego den Tiefen-Geist mit Abneigung, Mißtrauen und Angst; er kommt ihm vor wie eine bodenlose Grube, die alle Arten von psychischem Abfall und ungezähmten Instinkten enthält. Diese Einstellung erinnert daran, wie Chiron seine sterbliche, animalische untere Körperhälfte einschätzte. Nach Auffassung des Ego ginge es uns wesentlich besser, wenn wir den Tiefen-Geist loswerden könnten. Aber da wir nun einmal sozusagen auf das Kellergeschoß dieses Geistes aufgebaut sind, ist das Beste, was wir tun können, daß wir ihn fest hinter Schloß und Riegel halten und ein Stockwerk darüber so leben, als gebe es ihn gar nicht. Das Ego weigert sich ebenso verzweifelt, in diese unbekannten Kellerräume hinabzusteigen, wie Chiron gegen seine tödliche Wunde ankämpfte.

Mit dem Tiefen-Geist sind die normalerweise unbewußten und intuitiven Seiten des Geistes gemeint. Er ist eng mit den Emotionen und dem physischen Körper verknüpft, und er spricht in Bildern, Symbolen und Mythen. Diese Dimension unseres Geistes kommt nachts in unseren Träumen zum Tragen. Gelegentlich kann sie auch im Wachzustand zum Vorschein kommen, zum Beispiel in „Tagträumen", während man sich einer kreativen Tätigkeit widmet, die die Phantasie aktiviert, oder in bestimmten Zuständen der Meditation.

Den Tiefen-Geist könnte man sich als einen einst bekannten, aber lange vergessenen alten Ort vorstellen, an dem das Zeitgefühl und der Zusammenhang von Ursache und Wirkung ganz anders sind als in unserem vordergründigen Leben. Wenn das Ego in den Tiefen-Geist vorstößt, hat es ein Gefühl des

Sich-Erinnerns und Träumens, aber es ist unklar, ob es das „Ich" ist, das sich erinnert, oder ob das „Ich" dasjenige ist, woran man sich erinnert, und ob es das „Ich" ist, das träumt, oder ob das „Ich" dasjenige ist, wovon man träumt. Das Ego im Tiefen-Geist ist wie Chiron im Tartarus.

Diese Unterwelt des Bewußtseins ist der „Kellerbereich", in dem alte Verletzungen, Haßgefühle, schmerzliche Erinnerungen und Ängste weggesperrt sind; aber es steckt noch viel mehr darin. Der Tiefen-Geist ist auch der Ort starker innerer Quellen und kindlicher Spontaneität. Er ist wie eine gewaltige unterirdische Höhle und enthält oft in den unwahrscheinlichsten und finstersten Winkeln und in den unglaublichsten Verkleidungen genau das, was man zur Behandlung einer bestimmten Frage, Herausforderung oder Lebenskrise braucht. Er ist ähnlich wie ein urtümliches Traumland ein Bereich voller paradoxer Widersprüche, dessen Reichtümer nur denjenigen zugänglich sind, die sich für die Reise dorthin gerüstet haben.

Das *Tiefenzentrum* entspricht dem, was der Anthropologe Peter Martin als das letztlich Unsagbare im Kern unseres Wesens beschreibt, als das Tiefste in uns, das Wesen dessen, was wir sind. Es entspricht auch dem, was Jung das „Selbst" nennt, und es ist eng verknüpft mit dem, was allgemein als „Geist" (spirit) bekannt ist. Es ist der königliche Herrscher in den Tiefen der menschlichen Psyche, der Alchimist, der im Herzen der Finsternis am Werk ist und die alltäglichsten und schmerzlichsten Erfahrungen des Menschen in Gold verwandeln kann. Es ist der Blitzstrahl des Zeus, der die Finsternis des Hades durchschnitten und die Wiederkehr des Chiron eingeleitet hat.

Seele

Durch dieses ganze Buch hindurch verwende ich immer wieder den Begriff „Seelenpein". Ich will damit eine besondere Art des Leidens bezeichnen, die Menschen vermutlich dann erfahren, wenn sie kurz vor dem Tod stehen. Ich möchte die Natur und die Ursprünge dieser besonderen Pein ausführlich besprechen.

Dann möchte ich nach Möglichkeiten suchen, wie man der Herausforderung begegnen kann, die darin steckt. Vorher aber möchte ich noch kurz darlegen, was ich mit „Seele" meine.

Für viele Menschen hat das Wort „Seele" einen religiösen Beigeschmack, oder es weckt die Vorstellung irgendeines verschwommenen, ätherischen Phantasiegebildes, das irgendwie im Gegensatz zum physischen und erdhaften Teil unserer selbst steht und sich eher in der „nächsten Welt" als im Diesseits zu Hause fühlt. Ich verwende das Wort „Seele" eher in seinem klassischen Sinn, der die „Psyche" meint. Im Gegensatz zur religiösen Polarisierung von Seele und Leib ist die Seele als Psyche das innerste Herz der Erfahrung des Menschen und ist eins mit dieser. Wenn man jemand als „seelenvoll" bezeichnet, soll damit also nicht gesagt sein, er habe sein Menschsein transzendiert, sondern er sei der Welt mit besonderer Intensität verbunden und erfahre diese ausgesprochen tief.

Mein Mentor auf den Wegen der Seele war der Archetypen-Psychologe James Hillman. In seinen Schriften weist Hillman immer wieder darauf hin, daß die Seele, als Psyche verstanden, jene Instanz in uns ist, die auf imaginative, emotionale und physische Weise Erfahrungen macht und sich erfahren läßt, statt rational erfaßt und begriffen zu werden. „Seele", so erläutert er, „hält sich an den Bereich der Erfahrung und reflektiert im Rahmen von Erfahrungen. Sie bewegt sich indirekt, indem sie ihren Gegenstand umkreist; für sie ist Rückwärtsgehen genauso wichtig wie Vorwärtsgehen; sie bevorzugt Labyrinthe und Winkel, sie verleiht dem Leben einen metaphorischen Sinn, indem sie Wörter wie *eng, nahe, langsam* und *tief* verwendet. Unsere Seele führt uns in den Wirrwarr der Phänomene und taucht uns in den Strom der Eindrücke. Sie ist die ‚geduldige' Seite unserer selbst. Unsere Seele ist verletzlich und leidet; sie ist passiv und erinnert sich an alles. Sie ist Wasser auf das Feuer des Geistes, wie eine Meerjungfrau, die den heroischen Geist in die Tiefen der Leidenschaften lockt, um ihm seine Gewißheiten zu nehmen." Hillman betont, daß sich die Seele jeder Definition entziehe, aber, so sagt er, dennoch könne man etliche Aussagen über sie machen.

Zunächst einmal bedeutet das Reden von der Seele, daß man von der Tiefe redet, denn die Seele befaßt sich damit, daß sie „Ereignisse zu Erfahrungen *vertieft*". Hillman zitiert ein Fragment des alten griechischen Philosophen Heraklit: „Die Grenzen der Seele (psyche) sind unergründlich, selbst wenn du jede Straße dorthin versuchst; so unermeßlich tief (bathys) ist ihr Sinn", und er schreibt dazu: „Die Dimension der Seele ist die Tiefe (nicht die Breite oder Höhe), und die Richtung der Seelenreise weist nach unten." Dieses Zitat aus Heraklit verknüpft „Seele" und „Tiefe" mit „Sinn", denn mit der Seele geht das Gefühl einher, es mit etwas Bedeutsamem zu tun zu haben; das heißt, sie vermittelt *eine subjektive Sinn-Erfahrung*, was etwas völlig anderes ist, als wenn sich der rationale Geist damit beschäftigt, einer Erfahrung durch Nachdenken einen bestimmten Sinn abzugewinnen.

Zweitens, so sagt Hillman, „stammt die Bedeutsamkeit, die die Seele erschließt, ... daher, daß sie *ein ganz besonderes Verhältnis zum Tod hat*". In seinem Buch *The Dream and The Underworld* untersucht er im einzelnen das Verhältnis zwischen der Seele als Tiefe und Unterwelt des Geistes und der alten griechischen Vorstellung der Unterwelt des Hades als Bereich des Todes. Er zitiert Jung, der sagt: „Die Furcht und der Widerstand, die jedes natürliche Menschenwesen erfährt, wenn es sich zu tief in sich selbst versenkt, ist zutiefst die Angst vor der Reise in den Hades." Das heißt, unsere instinktive, angstvolle Abwehr gegen die finsteren und unbekannten Tiefen der Psyche ist das gleiche wie unsere Angst vor dem Tod.

Drittens, sagt Hillman, „*ist die Seele Imagination*", das heißt, die Seele „ist die imaginative Möglichkeit unserer Natur, das Erfahrenkönnen mittels reflektierender Spekulation, Raum, Bild und *Phantasie* – jene Erkenntnisweise, die alle Wirklichkeit primär als symbolisch und metaphorisch erfaßt."

Meine eigene persönliche und berufliche Erfahrung hat diese Beobachtungen Hillmans immer wieder bestätigt: Tatsächlich ist die Seele auf ganz besondere Weise mit der Tiefe, dem Tod und der Imagination verknüpft und erschließt einen tiefen Sinn. Diese Merkmale der Seele wurden mir vor einigen Jahren auf besonders eindrucksvolle Weise von der Verwandten eines Mannes bestätigt, der im Hospiz gestorben war. Dieser Mann namens Eamonn hatte sich im Lauf seiner letzten Wochen nur sehr langsam und schmerzlich zu einem Ort des inneren Friedens und der Ganzheit vorgetastet. Ich glaube, der Versuch seiner Schwester, den feinen, aber entscheidenden Wandel, den sie in Eamonn beobachtet hat, nach seinem Tod in einem Brief an mich zu beschreiben, liefert auch ein anschauliches Bild der Seele: „Wenn ich daran denke, wie er kurz vor seinem Tod war, dann muß ich unvermeidlich an Rembrandts Gemälde denken, in denen das Licht derart leuchtet, daß darin sogar die Finsternis schön aussieht. Ich kann es nicht besser als so ausdrücken, höchstens daß ich noch hinzufüge: Das Licht wirkte gerade deshalb so herrlich, weil es von so viel Finsternis umgeben war. Die Finsternis, und nicht eigentlich das Licht, war der Grund dafür, daß alles so schön aussah."

Wir können daher mit den Begriffen des Modells von „Oberfläche und Tiefe" über die Seele fast das gleiche wie über den Tiefen-Geist sagen, jedoch mit einer wichtigen Ausnahme. Die Seele ist nicht irgend etwas Unbelebtes und auch nicht einfach eine bestimmte Region in der Topographie des Geistes. Die Seele ist eine dynamische Wirklichkeit; oft wird sie weiblich personifiziert. Sie wohnt zwar im Tiefen-Geist, ist aber in ständigem Hin und Her zwischen Oberfläche und Tiefe begriffen und webt ein Netz von Bildern. Was sie dabei antreibt, ist ihr rastloser Wunsch, allem Oberflächlichen Tiefe zu verschaffen und alles Oberflächliche in die Tiefe zu führen. Die Seele ist die lebendige Verbindung zwischen der Oberfläche und den unauslotbaren und bedeutungsvollen Tiefen dessen, was wir sind.

Seelenpein – was innerlich quält

Wenn man davon spricht, daß man sich vom Oberflächen-Geist weg in den Tiefen-Geist begebe, beschreibt man in psychologischer Sprache den radikalen Paradigmenwechsel, den

Chiron vollzieht, wenn er seine heroische Haltung aufgibt und den Weg des Abstiegs einschlägt. Dieser Wechsel ist für den Sterbeprozeß ganz entscheidend, und ungemein viel hängt davon ab, ob er stattfindet, und wie und wann das geschieht. Gelingt diese Bewegung nach abwärts – und bei der Mehrzahl der Menschen geschieht sie natürlich, still, unsichtbar, zu ihrer eigenen Zeit und auf ihre eigene Art –, dann erfährt der Betreffende einen neuen Frieden sowie Reichtum und Tiefe im eigenen Leben wie auch Sterben. Er ist in den Sinn der Seele eingetreten.

Bei anderen jedoch gelingt dieser spontane Abstieg nicht, und sie bleiben dem Oberflächenniveau ihres Geistes verhaftet, sind abgeschnitten von der heilenden Kraft ihrer eigenen inneren Tiefen. Mythologisch gesprochen, entspricht das dem Ankämpfen Chirons gegen die Bedrohung durch seine tödliche Wunde; psychologisch gesprochen, ist es ein Symptom dafür, daß sich das Ego völlig mit seinem Oberflächen-Geist identifiziert und sich dagegen sperrt, in die Tiefe hinabzusteigen. Das Ergebnis ist *Seelenpein, bei der es sich also um die Erfahrung eines Menschen handelt, der sich von den tiefsten und fundamentalsten Schichten seiner selbst abgeschnitten und entfremdet hat.*

Es gibt eine ganze Reihe von Gründen, weshalb diese Verlagerung vom Oberflächen- zum Tiefen-Geist auf Widerstand stößt, behindert oder blockiert wird. Ein Grund dafür kann sein, daß das Ego zu stolz ist und sich in falschen Illusionen über seine eigene Allmacht wiegt. Dem Ego erscheint folglich diese Verlagerung als Katastrophe, als Niederlage, als schlimmstmögliches Szenarium, als Ende, und folglich kann es sie nicht akzeptieren. Ein anderer Grund kann sein, daß das Ego Angst vor dem Tod hat. Das Ego sieht nur das Buchstäbliche, Vertraute und Greifbare und glaubt nur an dieses, und sein oberstes Prinzip ist, alles selbst im Griff zu haben. Daher stellt für dieses Ego der Tod als äußerste Form des Unbekannten und Unkontrollierbaren eine extreme Bedrohung dar. Das Ego hat ein feines Gespür für den Tod entwickelt und kann ihn schon riechen, wenn er noch meilenweit entfernt ist. Sobald es ihn auch nur von weitem wittert, löst das seine spontanen Überlebensreaktionen „Kämpfen" oder „Fliehen" aus.

Am sichtbarsten werden die Kampf- und Fluchtreaktionen des Menschen auf der Oberflächen-Ebene in all dem, was der Betreffende tut, um die Krankheit „zu besiegen" und „mit ihr klar zu kommen"; aber für unsern Zusammenhang ist wichtig, daß sich diese Überlebensreaktionen auch noch in einer inneren und tieferen Schicht äußern. Dem Ego erscheinen die unerforschbaren Tiefen der Seele als ein Mikrokosmos des Todes. Und so projiziert das verzweifelte Ich angesichts des herannahenden Todes unter Umständen seine Angst vor dem buchstäblichen Tod auf einen metaphorischen Tod – nämlich auf die innere Unterwelt, den inneren Feind, die eigene innere Tiefe. Folglich besteht dann sein „Kampf" darin, sich gegen alles, was „Seele" ist, energisch zu sperren. Das Ego schreit: „Man kann nur heilen, was wirklich ist!" Seine „Flucht" besteht darin, sich immer weiter nach oben zurückzuziehen, in die trostvolle Sicherheit des nur rationalen Denkens. Der Schriftsteller und Künstler D. H. Lawrence beschreibt das anschaulich in den folgenden Zeilen, in denen er vom Ego als von der „verängstigten Seele" spricht:

> Stück für Stück stirbt der Körper, und die verängstigte Seele spürt: weggespült wird ihr der Boden von der steigenden finsteren Flut.

> Wir sterben, wir sterben, alle sterben wir,
> und nichts hält stand der tödlichen Flut, die in uns steigt
> und bald schon die Welt überflutet, die Welt da draußen.

> Wir sterben, wir sterben, Stück für Stück sterben unsere
> Körper,
> und unsere Kraft verläßt uns,
> und unsere Seele kauert nackt im finstern Regen
> über der Flut,
> klammert sich an die obersten Zweige unseres
> Lebensbaums.

Es mag verständlich sein, daß sich das Ego mit Angst und Widerstand gegen den Übergang vom Tageslicht der Oberfläche zu den finstern Tiefen der Seele sperrt, aber in gewissem Sinn bleibt ihm keine andere Wahl, als diesen Schritt zu tun. Ob uns das paßt oder nicht – Tatsache ist, mit Lawrence gesprochen: „Alle sterben wir, und nichts hält stand der tödlichen Flut, die in uns steigt." Eines Tages zieht der Tod jeden von uns in die Tiefe. Wir haben nicht die Wahl, *ob* wir dorthin gehen oder nicht, sondern *wie* wir dorthin gehen. Sperren wir uns gegen diesen Abstieg, so kann für uns der Sterbeprozeß zu einer Zeit werden, in der sich Angst und Leiden ständig steigern, ähnlich wie bei jemandem, der in einem hermetisch verriegelten Raum sitzt und langsam erstickt. Überlassen wir uns dagegen in dem Augenblick, in dem die Zeit dafür reif ist, bewußt dieser inneren Schwerkraft, so könnte sich uns überraschend ein neuer Weg eröffnen.

Die seelische Pein eines anderen Menschen läßt sich auf unterschiedliche Weisen erkennen. Zunächst einmal greifen wir bei unserem Versuch, diese Art von Leiden eines Menschen zu beschreiben, zu einem typischen Vokabular. Wir gebrauchen dann Worte wie „Leiden", „Angstzustände" oder „Qualen", wie wir sie häufig verwendet haben, als wir von Jackie oder Sean sprachen. Zweitens äußert sich Seelenpein oft physisch in Form von Symptomen, bei denen die üblicherweise erfolgreichen Formen der Behandlung nicht greifen, wie das wiederum bei Jackies und Seans physischen Schmerzen der Fall war. Der Grund dafür ist, daß unser physischer Leib eng mit unserer Psyche verknüpft ist. Drittens, so veranschaulichen uns die Geschichten dieser beiden Menschen weiter, kann die Seelenpein sich emotional als Angst äußern, und im Verhalten als verzweifeltes „Kämpfen" um einen Ausweg aus der schrecklichen Situation; das kann die Form unerfüllbarer Forderungen an das Pflegepersonal annehmen, doch „endlich etwas zu *tun*", irgend etwas – „Sehen Sie denn nicht, daß ich Todesqualen durchmache!" – oder die Form der „Flucht" durch psychisches Verdrängen. Und schließlich kann sich auch ein alles durchdringendes Gefühl der Leere, der Hoffnungs- und Sinnlosigkeit einstellen.

Seelenpein läßt sich auch daran erkennen, welche Gefühle und Verhaltensmuster sie bei uns, den Betreuern, weckt oder „konstelliert". Angesichts solch innerer Not des anderen stehen auch wir selber vor einem unlösbaren Problem. Diese Pein, die wir nicht unter Kontrolle haben, löst auch bei unserem eigenen Ego Überlebensreaktionen aus. Auf der Oberfläche „kämpfen" auch wir, das heißt, wir geben nie auf: Wir versuchen es weiter mit immer neuen Behandlungsformen oder verabreichen immer stärkere Dosen von Schmerzkillern und Tranquilizern. Mit anderen Worten: Wir *tun* etwas und *tun* immer wieder etwas, und selbst wenn alles erfolglos bleibt, *tun wir immer weiter* etwas. Im Gegenzug oder sogar gleichzeitig können sich unsere „Fluchtversuche" im Bemühen äußern, dieser schmerzlichen Situation so schnell wie möglich zu entkommen. Gewöhnlich äußert sich dies dann, daß wir schleunigst den Sozialarbeiter, psychologischen Berater oder Seelsorger hinzuziehen, der, wie wir behaupten, „besser dafür gerüstet ist, mit einem derartigen Problem umzugehen". Gleichzeitig können auch wir uns in unserer Innenwelt von der Tiefe abspalten und Seelenpein empfinden. Während wir vom Hals an abwärts erstarren, weiß unser Geist mit absoluter Klarheit, daß wir nicht die Antwort auf die Schmerzen dieses Menschen haben, sondern in diesem Augenblick nichts empfinden. Erst einige Zeit später empfinden wir Gefühle, und dann vor allem solche der Schuld und der Beschämung. Wir wissen, daß wir darin versagt haben, diesem Menschen das zu geben, was er wirklich von uns gebraucht hätte. Auf irgendeine Weise wissen wir, daß wir uns mit dem betreffenden Menschen auf ein gemeinsames Spiel des Verdrängens eingelassen haben, indem wir uns von diesen Überlebensreaktionen haben bestimmen lassen, und unser Gefühl des Versagthabens wird durch unser instinktives Wissen verschärft, daß hier ein doppelter Verrat stattgefunden hat.

Für unsere genauere Überlegung darüber, wie wir angemessen auf einen Menschen mit Seelenpein eingehen könnten, liefert uns bereits der Begriff selbst einen wichtigen Schlüssel. Die „Seele" verweist uns nach innen und nach abwärts, an die Wurzeln unseres Menschseins, und sie deutet an, daß es ganz wesentlich darum geht, eine Verbindung zur eigenen Tiefe herzustellen.

Wir müssen bei den Symptomen – den physischen, emotionalen und sozialen – ansetzen, die den sterbenden Menschen bedrängen, und wir müssen alles tun, sie zu lindern. Das heißt, wir müssen eine qualifizierte Schmerztherapie betreiben und unsere Kompetenz auf diesem Gebiet einsetzen, um dem Betreffenden physische Erleichterung zu verschaffen, blockierte Kommunikationskanäle zu öffnen und ihm emotionale und soziale Unterstützung zu bieten.

Mit den Begriffen meines vorhin entwickelten Modells gesprochen, könnte man das als *Oberflächenarbeit* bezeichnen. In diesem Zusammenhang hat „Oberfläche" nichts mit „oberflächlich" zu tun, und es soll damit kein Werturteil verbunden sein. Im Gegenteil: Auf der Oberfläche liegt der Einstieg in die Tiefe, und die „Oberflächenarbeit" ist der notwendige erste Schritt in diese Richtung. Für viele Menschen wird dieser erste Schritt bereits genügen, sich durch ihre Schmerzen nicht länger daran hindern zu lassen, sich auf das Thema ihres innerlichen Abstiegs einzulassen; für andere wird das erst der Anfang sein. Im Unterschied dazu könnte man dann als *Tiefenarbeit* jede Maßnahme oder Anleitung bezeichnen, die den Menschen zu einer Erfahrung seiner Seele hinführt.

Ein Stück weit ist es künstlich, auf diese Weise von „Oberflächen-" und „Tiefenarbeit" zu sprechen und damit zu unterstellen, es handle sich um zwei völlig unterschiedliche und getrennte Bereiche. Zu großen Teilen ist nämlich die pflegerische Betreuung, die effektive „Oberflächenarbeit" bereits eine wirksame Hinführung zur Tiefe. Oder, wie Saunders sagt: „Je nachdem, wie man die Pflege leistet, kann man damit die verborgensten Winkel erreichen", was uns deutlich darauf hinweist, daß alles darauf ankommen kann, was wir auf der Oberfläche tun. Im übrigen ist es von ausschlaggebender Bedeutung, welche Beziehung wir selbst als Betreuende zur Tiefe haben. Der Mensch in Seelenpein weiß intuitiv, ob der ihm Beistehende sich mit der Seele auskennt und eine lebendige Beziehung zu ihr hat oder nicht. Ein entsprechender Betreuer kann dem Betreffenden Sicherheit vermitteln und ihn dazu ermutigen, sich auf seine eigene Seele einzulassen. Bei der Tiefenarbeit geht es ferner darum, wieder den Anschluß an jene einfachen und ganz gewöhnlichen Aspekte des Lebens zu finden, die uns in der Vergangenheit ein Gefühl für Tiefe oder Bedeutsamkeit erschlossen haben. Kreinheder spricht in diesem Zusammenhang davon, daß man „wichtige Dinge mit Gewicht tut". Dazu könnte gehören, daß man alte Erinnerungen austauscht, Zeit mit Menschen verbringt, die man gern hat, einen Ort aufsucht, der für einen von besonderer Bedeutung ist, aus dem Krankenhaus heimgeht oder, wenn das nicht möglich ist, sich etwas, was einem besonders viel bedeutet – ein Foto, einen bestimmten Gegenstand, seinen Hund! – ins Krankenhaus bringen läßt.

Für manche Menschen ist jedoch sogar eine gute schmerzlindernde Oberflächen- und Tiefenarbeit zu wenig. In Seans Geschichte und den noch folgenden Geschichten begegnen wir Menschen, die trotz einer solchen Behandlung in dem peinigenden inneren Zustand geblieben sind. In diesen Fällen war noch etwas anderes erforderlich, irgendeine Art spezifischer Maßnahme, die ihnen helfen konnte, in die tieferen Schichten ihrer Erfahrung einzudringen. Das Arbeiten mit inneren Bildern ist nur ein Beispiel für solche *Kunst der Tiefenarbeit*. Daneben gibt es das Arbeiten mit Träumen, die Kunst- und Musiktherapie, die Erinnerungs- und die biographische Therapie, die Körperarbeit (einschließlich der Massage) und bestimmte Formen der Meditation. Allen diesen Methoden ist gemeinsam, daß sie den Menschen in die Lage versetzen, sich zeitweise in seine Tiefe zu begeben.

Solchen Maßnahmen liegen zwei wichtige Annahmen zugrunde. Die erste Annahme lautet: Der dynamische Kern des als Seelenpein bezeichneten Leidens ist darin zu suchen, daß sich das verängstigte Ego gegen seine eigene Tiefe sperrt. Folglich muß unsere Maßnahme darauf abzielen, daß der Betreffende es fertigbringt, in seine Tiefe als in einen Mikrokosmos des Todes abzusteigen, und zwar so, daß er sich dabei sicher und gefaßt fühlt. Gelingt das, so kann er aus dieser Erfahrung mit weniger Angst vor der Tiefe und mit weniger Schrecken vor dem Tod wieder auftauchen. Die zweite Annahme lautet: Wenn wir dem Betreffenden helfen, in seine Tiefe abzusteigen, wird seine Seele selbst aktiv werden, denn in der Tiefe findet sich eine autonome Kraft, die auf unsere tiefste Heilung aus ist, wenn wir nur zulassen können, daß sie aktiv wird.

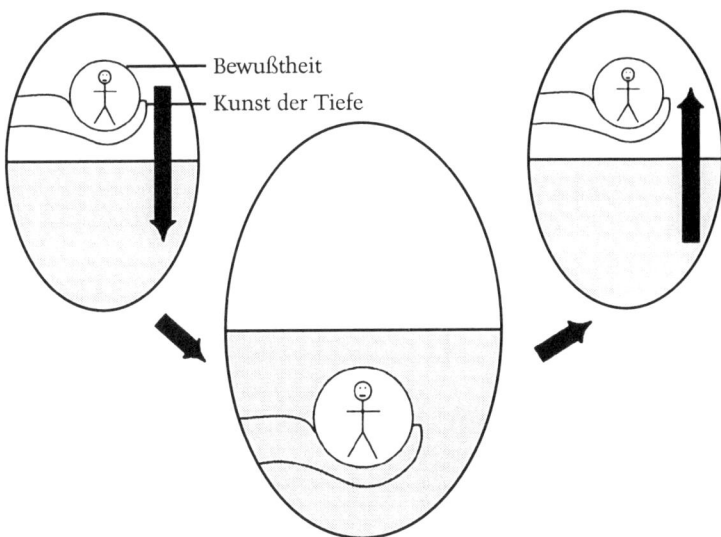

Bewußtheit
Kunst der Tiefe

Zum Schluß ein Wort der Warnung, denn hier liegt auch eine Gefahr. Es ist ungemein wichtig, daß wir die Seele als etwas Unauslotbares achten und alle diese Maßnahmen nur als Mittel ansehen, die Umstände zu schaffen, unter denen die Seele selbständig aktiv werden kann. Tun wir das nicht, so kann allzuleicht wieder das heroische Ego das Ruder an sich reißen, sich dieser Techniken bemächtigen und sie dazu mißbrauchen, die Tiefenbereiche zu kolonisieren und sich selbst in seiner Illusion, allmächtig zu sein, zu bestätigen. Solche Taktiken mögen kurzfristig durchaus einigen Erfolg haben, aber letztlich helfen sie dem in seiner Seele gequälten Menschen nicht. Im Gegenteil, sie verstärken dann eher die Angst dieses Menschen, als daß sie sie beheben, und zudem schaffen sie größere Schwierigkeiten für die Zukunft.

Teil 3

Moderne Mythen

Und wieder rauscht mein tiefes
Leben lauter,
als ob es jetzt in breitern Ufern ginge.
Immer verwandter werden mir die
Dinge
und alle Bilder immer angeschauter.
Dem Namenlosen fühl ich mich
vertrauter:
Mit meinen Sinnen, wie mit Vögeln,
reiche
ich in die windigen Himmel aus
der Eiche,
und in den abgebrochnen Tag der
Teiche
sinkt, wie auf Fischen stehend, mein
Gefühl.

Rainer Maria Rilke, Fortschritt[3]

Die folgenden Geschichten sind moderne Mythen. Sie sind gezielt ausgewählt worden, um bestimmte Aspekte der Seelenpein zu illustrieren; jedoch soll damit keineswegs versucht werden, in dieser Hinsicht erschöpfend zu sein. Ich erzähle in jedem der Berichte zunächst, wie sich die Dinge aus meiner Sicht als Arzt, der mit der Betreuung des betreffenden Patienten befaßt war, entwickelt haben, und anschließend erörtere ich diese Ereignisse im Licht der in Teil 2 vorgestellten mythologischen und psychologischen Modelle.

In diesen Geschichten beschreibe ich eine ganze Anzahl von verschiedenen Imaginationsübungen, die ich speziell für

---

[3] R. M. Rilke, Das Buch der Bilder. Des ersten Buches zweiter Teil. Zitiert nach der Ausgabe der Werke im Insel Verlag 1980, Band I-1, S. 158.

todesnahe Patienten entwickelt habe. Sie werden relativ ausführlich dargestellt, um dem Leser genauere Einsicht in diese spezielle Art des Arbeitens zu ermöglichen; zugleich läßt sich dadurch erkennen, was in dieser extrem kritischen Zeit vor dem nahen Tod in den Tiefen der Psyche eines Menschen vor sich gehen kann. Nicht beabsichtigt ist, die Leser durch das Beschriebene dazu anzuregen, mit diesen Übungen selbst zu experimentieren. Die scheinbare Einfachheit dieser Technik, der Imaginationstechnik, bedeutet keineswegs, daß sie harmlos ist. Es handelt sich dabei zwar um ein einfaches Werkzeug der Psychotherapie, aber es kann extreme Wirkungen auslösen, und meiner Erfahrung nach vor allem in todesnahen Situationen. Ich möchte dringend empfehlen, daß jeder, der die Kunst der Tiefenarbeit ausüben und dazu mit inneren Bildern arbeiten möchte, sich zunächst um die dafür nötige Ausbildung bemühen und sich dann der Supervision durch einen mit dieser Methode vertrauten Psychotherapeuten unterziehen sollte.

Von der Angst zum Traurigsein:
Daras Geschichte

Beim Gedanken an Dara werde ich traurig und fühle mich schuldig, denn seine Geschichte hat kein Happy-End. Ich erzähle sie, weil Dara mir gesagt hat, ich könne das tun, und weil sie einige Einsichten in die Natur extremer Angst angesichts des Todes eröffnet.

Ich entsinne mich, wie ich auf Daras Bettkante saß und mir die Frage stellte, was ich als nächstes tun könnte. Es war Anfang Dezember, und zu diesem Zeitpunkt war Dara bereits fast zwei Wochen lang im Hospiz. Dara war vierzig Jahre alt, und obwohl er physisch schwerstens beeinträchtigt war, lag in seinen Augen etwas Jugendliches. Der Krebs in den Lymphknoten seiner Nackengegend hatte dazu geführt, daß sein Mund geschwollen und verzerrt war, wodurch auch sein Gesicht entstellt wurde. Sein langes Haar verlieh ihm das Ausehen eines Bohemien, hing jedoch in dürren Strähnen um sein hageres und verängstigtes Gesicht. Infolge einer schweren Operation zur Entfernung des Primärtumors in seinem Kehlkopf konnte er nicht mehr sprechen. Er versuchte, sich mittels eines Spezialmikrofons verständlich zu machen, das er gegen seine Kinn-Unterseite drückte, wo es die Schwingungen auffing, wenn er sprach, und sie zu einem krächzenden Flüstern verstärkte. Unglücklicherweise schien das nie in dem für Dara erforderlichen Maß zu funktionieren, aber Dara war nicht bereit, das zu akzeptieren und plagte sich unablässig damit herum, während ihn immer mehr die Frustration überkam.

Dara war Künstler und ein begabter Jazzmusiker. Bevor er ins Hospiz kam, lebte er im Erdgeschoß eines Hauses, das einer Freundin von ihm namens Crostella gehörte. Dort hatte ihn der Heimpflegedienst des Hospizes einige Wochen lang betreut. Sein Hausarzt, der seine Schmerzen nicht mehr in den Griff bekam, hatte dies veranlaßt. Trotz der Verabreichung hoher Dosen Morphin und anderer Schmerzmittel, die normalerweise wirkten, gelang es auch dem Pflegeteam kaum, Daras Schmerzen unter Kontrolle zu bekommen. Alle Beteiligten, einschließlich Dara und Crostella, stimmten darin überein, daß eine Hauptkomponente seiner Schmerzen die Angst war. Aus diesem Grund wurde er schließlich ins Hospiz eingewiesen. Man hoffte, dort könne man seine physische Schmerztherapie optimieren und gleichzeitig andere Methoden einsetzen, um zu versuchen, seine Angst zu mildern.

Kurz nach Daras Ankunft im Hospiz fragte ihn der aufnehmende Arzt, welche Sorgen für ihn die größten seien. Dara, der sich zu diesem Zeitpunkt voll über die Natur und das Ausmaß seiner Krankheit im klaren war, sagte nichts von seinen Schmerzen oder den zunehmenden Schluckbeschwerden, sondern preßte das Spezialmikrofon gegen sein Kinn und krächzte mit kaum verständlicher Stimme, er habe „Todesangst".

Daras erste zwei Wochen im Hospiz verliefen nicht gut. Innerhalb seiner ersten achtundvierzig Stunden im Krankenzimmer starben zwei der Männer, die das Vier-Bett-Zimmer mit ihm teilten. Für viele, die auf diese Weise den Tod miterleben, vor allem einen friedvollen und offensichtlich schmerzfreien Tod, kann das eine Ermutigung und ein Trost sein, aber auf Dara schien es eine gegenteilige Wirkung zu haben. Er wurde rastlos und nervös, und vor allem seine Nächte waren unruhig. Tagsüber war er infolge der massiven nächtlichen Sedation schläfrig, aber er brachte es immer noch fertig, uns zu sagen, daß sich seine Schmerzen trotz aller Änderungen unserer Therapie nicht gebessert hätten und seine Schluckbeschwerden eindeutig viel schlimmer geworden seien.

Gegen Ende von Daras erster Woche im Hospiz boten wir ihm ein Einzelzimmer an, da wir das Gefühl hatten, daß ihm das besser bekommen würde. Er nahm bereitwillig an. Seine Angst war zu dem Zeitpunkt deutlicher zutage getreten, und es war klar, daß ihm das Zusammensein mit anderen nicht etwa gut tat und etwas Mut machte, sondern daß ihn im Gegenteil die Gesellschaft von Menschen, die noch kranker waren als er, zusätzlich belastete. Zudem dachten wir, das sich stetig verschärfende Problem der Kommunikation mit ihm lasse sich leichter in der Privatsphäre eines Einzelzimmers angehen.

Gegen Ende der zweiten Woche mußten wir als Pflegeteam akzeptieren, daß sich für Dara nichts gebessert hatte. Seine Nächte waren immer noch sehr rastlos, obwohl er äußerst starke sedierende Mittel erhielt und eine Krankenschwester bei ihm wachte. Er war schwach und benommen, und ständig war sein Schluckvermögen blockiert. Da das Reden ihm jetzt völlig unmöglich geworden war, teilte sich Dara mit Hilfe von bekritzelten Zetteln mit. Als ich ihn fragte, ob er bestimmte konkrete Ängste benennen könne, schrieb er unverzüglich, vor allem habe er schreckliche Angst vor dem Ersticken. Ich versicherte ihm, daß wir das unter allen Umständen verhindern würden. Obwohl er unmittelbar nach dieser Unterredung etwas ruhiger zu sein schien, machte seine Rastlosigkeit in dieser Nacht, die bis in den folgenden Tag hinein anhielt, deutlich, daß es mir nicht gelungen war, ihm größere Sicherheit zu vermitteln. Also beschlossen wir, daß es vielleicht sinnvoll wäre, es auf der nichtverbalen Ebene zu versuchen und boten Dara eine Aromatherapie-Massage an. Während dieser Anwendung entspannte er sich zwar offensichtlich und genoß sie, aber das waren nur kurze Atempausen, und binnen weniger Stunden war er von neuem verängstigt, rastlos und verkrampft.

Daraufhin beriefen wir eine Fallkonferenz ein, um Daras Lage gemeinsam zu erörtern. Als Team waren wir gemeinsam der Überzeugung, daß wir darin versagt hatten, ihm zu helfen. Während dieser ersten wenigen schwierigen Wochen, die Dara im Hospiz verbracht hatte, hatten ihn einige Schwestern besonders ins Herz geschlossen; sie litten unter unserer Ratlosigkeit und waren wütend über unsere Unfähigkeit, seine Angst zu mindern und ihm wirklich Erleichterung zu verschaffen. Was sollten wir tun? Wir sahen nur wenige Möglichkeiten. Eine davon bestand darin, seine überwältigende emotionale Qual wie einen physischen Schmerz zu behandeln und also die Medikation zu seiner Ruhigstellung immer noch mehr zu steigern. Wir beschlossen, das nicht zu tun, denn jede weitere Steigerung hätte vermutlich zu seiner totalen Sedierung geführt. Unser eigenes Leiden unter dieser Situation hätte diese Maßnahme zwar vielleicht gemildert; aber aus Daras häufigen Klagen darüber, er fühle sich immer wieder viel zu benommen, war eindeutiger zu entnehmen, daß Dara selbst das nicht wollte. Wir entschieden uns statt dessen dafür, in unmittelbarer Zukunft so wie bisher fortzufahren und uns auf die Möglichkeit gefaßt zu machen, daß wir vielleicht nie als „Gewinner" aus dieser Situation hervorgehen würden. Das bedeutete, wir mußten akzeptieren, daß hinter Daras Angst vermutlich mehr steckte, als wir mit unserem vereinten Können und unserem gesammelten guten Willen bewältigen konnten. Trotz allem hofften wir weiterhin, die Zeit selbst, realistischere Ansprüche an uns selbst und das wachsende Vertrauen, das sich zwischen Dara und einigen Mitgliedern des Teams entwickelte, würden doch etwas an der Lage ändern. Wir kamen überein, derweil Daras Schwester Aifric sowie Crostella beizuziehen, um auch mit ihnen über das Problem zu sprechen und zu hören, was sie dazu meinten. Weiterhin sollte ich Dara darauf ansprechen, ob er interessiert und bereit wäre, mit mir einige imaginative Arbeit zu unternehmen.

Als ich sein Zimmer betrat, ihn begrüßte und mich auf seine Bettkante setzte, stellte ich fest, daß er benommen war und trotzdem nicht still liegen konnte. Er setzte sich auf, langte nach etwas auf seinem Nachttisch, legte sich wieder zurück, wandte sich mir zu und drehte sich dann auf die andere Seite. Und so wiederholte sich das ständig. Als ich ihn fragte, wie er sich fühle, murmelte er eine Antwort, die ich nicht verstehen konnte und kritzelte dann etwas Unleserliches aufs Papier. „Dara", sagte ich, „ich möchte mit Ihnen etwas machen." Das weckte seine Aufmerksamkeit, und zum ersten Mal legte er sich auf seine Kissen zurück und schloß die Augen. Ich erläuterte ihm, daß ich mit ihm eine Art Visualisierungsübung machen wolle und daß ich hoffte, das werde ihm helfen, weniger Angst zu verspüren und sich etwas besser entspannen zu können. Ich erklärte ihm, wie das vor sich gehen werde und sagte ausdrücklich, er sei völlig frei darin, jederzeit die Augen zu öffnen und die Übung abzubrechen. Er schlug bei dieser Stelle meiner Erklärung die Augen auf und gab mir mit einem Nicken zu verstehen, daß er bereit sei, anzufangen.

Ich hatte beschlossen, mit Dara ungefähr nach demselben Muster, das ich bei Sean angewandt hatte, einige geführte Imaginationsübungen zu machen. Während ich jedoch normalerweise in die Übung eine Anzahl Pausen einschaltete, um zu überprüfen, wie der Betreffende damit zurechtkam und zu hören, welche Bilder in ihm auftauchten, beschloß ich angesichts der in diesem Fall vorliegenden Kommunikationsschwierigkeiten, die Visualisierungsübung von Anfang bis Ende in einem Zug durchzuziehen und erst anschließend mit Dara darüber zu sprechen.

Gegen Ende des einleitenden Teils der Übung wirkte Dara bereits entspannter. Ich bat ihn, sich vorzustellen, er stehe am Sandstrand eines Sees. Der Himmel sei blau und das Wasser des Sees liege still da. Niemand sei in der Nähe, aber beim Umherschauen sehe er ein kleines hölzernes Ruderboot am Ufer, und die Ruder lägen bereit. Ich schlug vor, falls er wolle, könne er sich jetzt das Boot ausleihen. Er schiebe das Boot in den See hinaus, hake die Ruder richtig ein und beginne zu rudern. Er höre nichts als das Plätschern des Wassers, das sich beim Ein- und Auftauchen der Ruder bewege. Bald sei er weit draußen und sehe das Ufer nur noch als schmales, goldenes Band hinter sich. Ihm sei jetzt heiß von der Sonne und vom Rudern. Ich schlug ihm vor, sich über den Bootsrand gleiten zu lassen und in das kühle Wasser des Sees zu tauchen, betonte aber noch einmal, daß ihm die Entscheidung, ob er das tun wolle, völlig freistehe. Wenn er sich dafür entscheide, solle er genau darauf achten, wie er sich fühle, und ob sich irgend etwas Besonderes ereigne. Nach einer ungefähr einminütigen Pause bat ich ihn, falls er ins Wasser gegangen sei, solle er jetzt wieder ins Boot steigen und weiterrudern, auf ein nicht allzu weit entferntes Ufer auf der anderen Seite des Sees zu. Er blicke über die Schulter, um sich zu vergewissern, daß er die entsprechende Richtung einhalte, und sehe dabei, daß ein Mensch am Ufer stehe, der anscheinend auf ihn warte. Er wisse, daß es sich bei diesem Menschen um jemanden voller Weisheit und Liebe handle. Dieser Mensch sei heute hierher gekommen, weil er sich sehr um ihn sorge und ihm auf jede nur erdenkliche Weise helfen wolle. Beim Näherkommen ans Ufer erkenne er die Züge dieses Menschen; das seien vielleicht die Züge von jemandem, den er kenne, oder es sei eine fremde Person. Auf jeden Fall wisse er, daß dieser Mensch nur Gutes für ihn wolle, und wenn er ans Ufer steige, könne er ihm seine tiefsten Gefühle mitteilen und ihn um Hilfe in jeder erdenklichen Form bitten. An diesem Punkt öffnete Dara die Augen und schaute mich an. Ich fragte ihn, ob er hier aufhören und mir mitteilen wolle, was er gesehen habe, und er nickte.

Ich reichte Dara seinen Schreibblock und bat ihn, mir darauf zu beschreiben, was er im Verlauf dieser Übung erlebt habe. Er begann ein kleines Segelboot auf einem weiten See zu zeichnen. Im Mittelgrund skizzierte er das Bild eines Menschen im Wasser, der in einen verzweifelten Kampf mit einem riesigen haifischähnlichen Fisch verstrickt war. Er schrieb dazu, daß ihn der Haifisch von hinten angefallen und ihm ein Stück aus seiner rechten Schulter gerissen habe. Er hatte eine Pistole an seiner rechten Hüfte und ein Schwert in seiner rechten Hand, und es war ihm gelungen, das Schwert in den Hai zu stoßen. An dieser Stelle hielt er inne, setzte sich zurück und schaute mich

75

an. Ich bat ihn, seine Gefühle während dieses ganzen Hergangs zu beschreiben. „Angst ... Entsetzen ... Panik", schrieb er. „Und der weise und liebevolle Mensch am Ufer, haben Sie einen solchen Menschen gespürt, und wer das sein könnte?", fragte ich ihn. Er wandte sich wieder seiner Zeichnung zu und begann, diesen Menschen ziemlich im Vordergrund einzuzeichnen, wie er am Strand stand. Es war eine Frau, die aufs Wasser hinaus schaute; sie hatte beide Hände über den Kopf erhoben, als wolle sie winkend seine Aufmerksamkeit auf sich ziehen. Als er die Gestalt fertig hatte, schrieb er „Cro ... Cro ..." auf ihren Rücken, um sie damit als seine Freundin Crostella zu kennzeichnen. „Und haben Sie gespürt, was Sie von diesem Menschen brauchten und um was Sie ihn bitten wollten?" fragte ich. Er machte die Geste einer Umarmung, indem er seine Arme um sich selbst schlang, und dann begann er zu weinen.

Unmittelbar nach dieser Sitzung vollzog sich in Dara eine spürbare Veränderung, die die folgenden fünf Tage lang andauerte. An die Stelle der Spannung und Panik, die sein Zimmer beherrscht hatten, trat jetzt ein Gefühl tiefer Traurigkeit. Er wollte, daß sowohl Aifric wie Crostella die ganze Zeit bei ihm blieben, und wenn sie da waren, war er mit ihnen sanft und voller Zuneigung und Tränen und wollte in den Armen gehalten und getröstet werden. Da sich die Angst nicht mehr äußerte, konnten wir seine Medikation drastisch reduzieren. Er wurde wesentlich aufmerksamer, und die Kommunikation mit ihm wurde dadurch erleichtert.

Unglücklicherweise änderte sich die Situation während des darauffolgenden Wochenendes wieder. Daras Angst kehrte mit neuer Gräßlichkeit wieder und wurde jetzt von paranoiden Wahnzuständen begleitet. Er war der Überzeugung, daß wir im Hospiz versuchten, ihn umzubringen, und er verlangte, daß wir ihn wieder nach Hause entlassen sollten. Er sagte das seinen Familienangehörigen und Bekannten, aber sie entgegneten, selbst wenn sie das tun wollten, könnten sie ihm einfach nicht das Maß an Pflege bieten, das er jetzt brauche. Wir unterstützten sie voll bei dieser Entscheidung, aber sie sagten uns, daß sie trotzdem Schuldgefühle empfunden hätten, weil sie Dara in einem Augenblick im Stich ließen, in dem er sie am meisten gebraucht hätte.

Widerstrebend und nach einer langen Diskussion mit seinen Angehörigen kamen wir zu dem Schluß, es bleibe uns nichts anderes übrig, als Daras Sedierung wieder zu verstärken. Er schlief in der darauffolgenden Nacht gut und war noch ziemlich benommen, als ich ihn am nächsten Morgen besuchte. Ich fragte ihn, wie er sich fühle. Er langte nach seinem Schreibblock und skizzierte etwas auf, das in etwa einem sinkenden Boot glich. Dann wurde er rastlos und kritzelte aufs Papier, ich versuche ihn umzubringen, und darum wolle er von jetzt an keinen Besuch mehr von mir, sondern der andere Arzt in unserem Team solle seine Betreuung übernehmen. Im Lauf der anschließenden vierundzwanzig Stunden wurde er zunehmend gequält und rastlos, und uns blieb nichts anderes übrig, als seine sedierenden Mittel noch mehr zu steigern. Innerhalb weniger Stunden versank Dara daraufhin in einen beruhigenden Schlaf. In der Nacht jedoch bekam er starken Husten; er wurde immer schwächer, und früh am folgenden Morgen starb er.

Was in mir ist es, das es mir so schwer macht, mir diese traurige Geschichte in der Erinnerung wachzurufen, und erst recht, sie zu erzählen? Ich glaube, es ist mein verwundeter heroischer Stolz, also dasjenige in mir, worauf Dara in seinen letzten Wochen so viel Vertrauen gesetzt hatte – der Held, der in seiner Aufgabe versagt hat, „alles wieder zum Besseren zu wenden".

Offensichtlich gibt es eine Menge Ähnlichkeiten zwischen den Geschichten von Dara und Sean. In beiden Fällen handelt es sich um zwei junge Männer, die noch nicht sterben wollten, die verzweifelt gegen den Tod ankämpften und im Verlauf dieses Prozesses große seelische Qualen erfuhren, und dazu noch andere Formen der Schmerzen. Bei beiden äußerte sich die Seelenpein anfangs in Form physischer Symptome, wobei die tiefere Quelle ihrer Leiden erst im Laufe der Zeit ans Licht kam, als normalerweise erfolgreiche Behandlungsformen ihre Wirkung versagten und zusätzliche, für Seelenpein charakteristische Züge aufzutauchen begannen. In Seans Fall blieb diese innere Qual, weil er sie emotional leugnete, zum größten Teil im Somatischen stecken, das heißt, sie drückte sich weiterhin in physischen Symptomen aus, und zwar bis zum Schluß. Im Gegensatz dazu trat bei Dara, der sie nicht leugnete, die Seelenpein unverhüllt aus ihrer Maske physischer Symptome hervor und offenbarte sich als pures Entsetzen.

Ein weiterer gemeinsamer Zug in Daras und Seans Geschichte ist die Reaktion, die ihre Leiden bei mir und anderen Mitgliedern des Pflegeteams auslösten. Wie bereits erläutert, ist das leitende Paradigma des Arztberufes das heroische medizinische Modell, dessen Wahlspruch in etwa lauten könnte: „Das schaffen wir schon. Gebt uns nur Zeit und euer vorbehaltloses Vertrauen." Es überrascht deshalb nicht, daß dies zur Substanz jenes unausgesprochenen Vertrags gehört, der den Kern aller medizinischen Betreuung ausmacht, selbst gegen das Lebensende eines Menschen. Das sage ich nicht zur Entschuldigung, denn wir haben ja bereits einige der potentiellen Vorzüge des heroischen Ansatzes gesehen, die selbst im Angesicht des Todes gelten; ich will nur hervorheben, daß die heroische Haltung in der Anfangszeit unseres Ringens um Hilfe für Dara das dominierende Paradigma gewesen ist.

Ebenso wie die Verabreichung von Schmerzmitteln bei der Behandlung von Seans physischen Schmerzen hilfreich gewesen war, war es auch sinnvoll, beruhigende oder sedierende Medikamente einzusetzen, um Daras emotionale Schmerzen zu lindern. Indem man die Intensität der Schmerzen eines Menschen reduziert, kann eine solche Medikation helfen, eine sicherere Umgebung zu schaffen und es dem Betreffenden zu erleichtern, aus seiner Isolierung in eine Beziehung zu anderen und zu den tieferen Schichten seiner eigenen Erfahrung herauszutreten. Man sollte deshalb die medikamentöse Behandlung von emotionalem Streß als eine Maßnahme zur Behandlung und Linderung von Symptomen betrachten, und diese lediglich als ersten Schritt in einem weiterführenden Prozeß, nicht jedoch als Ziel in sich. Doch hier ist Vorsicht angebracht. Wenn man beruhigende Medikamente verabreicht, kann man als Betreuer auch durch den Wunsch motiviert sein, den Schmerz seines eigenen angeschlagenen heroischen Egos zu lindern, das eine Niederlage empfindet. Das kann dann allzu leicht zu einem exzessiven Gebrauch solcher Medikamente führen, und das Ergebnis sind schließlich Patienten, die im Übermaß sediert sind und sich nicht mehr beklagen. Während sich also diese Maßnahme rechtfertigen läßt, insofern sie für das Wohlbefinden des Patienten notwendig ist – was allerdings nicht in jedem Einzelfall ganz zutreffen mag –, ist sie andererseits offen für Mißbrauch, und zwar dann, wenn die Betreuer nicht deutlich sehen und akzeptieren, daß eine solche Behandlung auch dazu dient, ihren eigenen Leidensdruck zu verringern.

Dara hatte schreckliche Angst vor dem Tod. Als Künstler und „sensible Seele" dürfte er nicht nur in besserem Kontakt mit der Welt seiner eigenen Gefühle gestanden haben als die meisten anderen Menschen, sondern er dürfte auch ein besonderes Gespür für die Gefühle der Menschen in seiner Umgebung besessen und möglicherweise sogar etliche der kollektiven Gefühle gegenüber dem Tod gewittert haben, die das kulturelle Niveau unserer Gesellschaft beherrschen. Eindeutig empfanden Daras Betreuer, daß seine Angst *ungeheuer groß* war, und zudem war sie greifbar und ansteckend; das war für uns zweifellos ein besonderer Stachel, für ihn eine Lösung zu finden. Es ist sogar ziemlich wahrscheinlich, daß die Ansteckung in beide Richtungen wirkte und daß Dara gleichzeitig die Gefühle der Frustration und Panik, die in den ihn umgebenden Menschen entstanden, deutlich wahrnahm.

Mein Angebot an Dara, mit ihm Imaginationsübungen durchzuführen, war eine weitere heroische Geste, insofern ich dabei eindeutig die Absicht verfolgte, etwas ins Spiel zu bringen, das seine Schmerzen hätte verringern können. Doch daß die Tiefenarbeit eine etwas andere Art der heroischen Maßnahme ist, führt ihre paradoxe Wirkung auf Dara deutlich vor Augen. Mit den Bildern des Chiron-Mythos gesprochen, zeigen sich hier Parallelen zum erneuten Besuch des Herakles beim verwundeten Zentauren, um ihm den Tausch mit Prometheus vorzuschlagen. Statt zu sagen: „Entspanne dich. Ich helfe dir schon, dem, was dich verfolgt, zu entkommen", konfrontierte ich Dara mit dem Anspruch: „Bleib stehen, dreh dich um, schau deiner Angst ins Gesicht und geh auf sie zu."

Dara war zu diesem Zeitpunkt in einer emotionalen Krise. Das war sicherlich keine ideale Voraussetzung, um mit einer Tiefenarbeit zu beginnen, und es war durchaus riskant, zu dieser Zeit Imaginationsübungen zu unternehmen. Sie hätten zum Beispiel eine Überflutung von Daras Bewußtsein durch bislang unterdrückte unbewußte Emotionen auslösen können, die sein Gefühl, nicht mehr Herr der Lage zu sein, nur verschärft und ihm noch größere Angst eingejagt hätte. Trotzdem entschloß ich mich zu dieser Maßnahme, und zwar aus zwei Gründen. Erstens standen ich und das übrige Betreuerteam vor der Tatsache, daß seine sedative Medikation ihre Obergrenze erreicht hatte und wir keine andere Alternative der Behandlung kannten, und zweitens glaubte ich, daß unterhalb seines emotionalen Brodelns ein anderer Teil seiner selbst liege, der keine Angst habe; daß es also tief in seinem Inneren eine Quelle der Kraft und des Trostes gebe, und daß ihm diese Methode eine reelle Chance bieten konnte, bis zu ihr vorzudringen. Ein interessanter Aspekt ist, daß Dara zu einem Zeitpunkt die Imaginationsübungen mitmachte, als er noch unter einer starken Dosis von Beruhigungsmitteln stand. Das zeigt, daß psychisch wirkende Medikamente nicht unbedingt das Üben mit inneren Bildern verhindern.

In Daras Bild vom Mann, der in einen tödlichen Zweikampf mit einer Art Haifisch verstrickt ist, liegt etwas ebenso Tapferes wie Zutreffendes. Der Kampf spielte sich auf der Oberfläche des Sees ab und erinnert stark an Chirons heroischen Kampf gegen die Kräfte, die ihn in die Tiefe zu ziehen versuchten. Das ist ein schrecklicher Augenblick und buchstäblich ein Kampf bis auf den Tod. Indem er ihn auf diese Weise ins Bild brachte, gab Dara seiner größten Angst ein Gesicht. Dann kam mein Eingriff, mit dem ich ihn dazu anregen wollte, in eine andere Richtung zu schauen, nämlich aufs Ufer, wo ein weiser und liebevoller Mensch auf ihn wartete. Dort sah er seine geliebte

Freundin Crostella, deren Gegenwart zu ihm von der Seite in ihm sprach, die ihm Gutes wünschte und die selbst in diesem seinem einsamsten Augenblick als Zeugin und Verbündete bei ihm war. Indem Dara seine Aufmerksamkeit vom Kampf weg und auf den Menschen am Ufer hin verlagerte, erkannte er, daß er nicht allein war.

Die dramatische Veränderung, die sich nach dieser Sitzung in Dara vollzog, bietet eine Einsicht in die emotionalen Aspekte des Kampfes und des Abstiegs. Die Angst ist die primäre Emotion des Oberflächenkampfes ums Überleben, und sie läßt sich vergleichen mit dem erregten und rastlosen Verhalten eines Menschen, der verzweifelt nach einem Ausweg sucht. Diese Angst hatte Dara in den vorangegangenen Wochen beherrscht. Seine Bereitschaft, mit mir die Imaginationsübungen zu machen, brachte ihn an die Schwelle eines neuen emotionalen Gebietes. Er überschritt diese Schwelle in dem Augenblick, in dem er über seine Angst hinaus das Gesicht eines Menschen erkannte, der für ihn da war. In diesem Augenblick lockerte die Angst ihren Griff, und statt weiter das Schwert zu umklammern und damit den Angriff eines Hais abzuwehren, vermochte er jetzt mit seinen Armen seinen eigenen zerbrechlichen Körper zu umfangen. Dara hatte den Schritt weg vom Kämpfen hin zum Abstieg vollzogen. Die den Abstieg begleitenden Emotionen sind die vielfältigen Schattierungen der Trauer, zu deren vornehmlichsten die Traurigkeit gehört, und diese bodenlose und untröstliche Traurigkeit war es, die während dieser Tage sein Zimmer erfüllte.

Daras Rückfall in angstbesetzte Verwirrung kurz vor seinem Sterben erinnert uns daran, daß wir trotz aller Bemühungen und vielleicht deshalb, weil gelegentlich die Seelenpein eines einzelnen Menschen mehr als sein ganz persönliches Problem ist, nicht immer das für einen Menschen erreichen können, was wir gern möchten. Es zeigt auch die begrenzten Möglichkeiten des Arbeitens mit inneren Bildern in Extremsituationen wie dieser, wo zu einem so späten Zeitpunkt noch so viel hätte getan werden müssen. Schließlich bleibt noch Daras Paranoia, aufgrund derer er mich zu diesem Zeitpunkt als jemanden ansah, der versuchte, ihn umzubringen. Sie ließe sich vielleicht so verstehen, daß sein Ego meine Versuche, ihm aus seinem Oberflächen-Gefängnis heraus zur erhofften Befreiung durch die Unterwelt seiner seelischen Tiefe zu verhelfen, zu wörtlich genommen und damit falsch gedeutet hat.

Die Qual, keinerlei Sinn zu sehen:
Franks Geschichte

Frank war siebzig, als er ins Hospiz eingewiesen wurde, weil seine Familie und seine Bekannten sowie die professionellen Helfer sich nicht mehr in der Lage sahen, seine große emotionale Qual zu lindern. Erst vor ungefähr einem Jahr war ihm bei einer schweren Operation eine bösartige Wucherung aus der rechten Lunge entfernt worden. In den letzten Wochen hatte er angefangen, Gewicht zu verlieren, obwohl er gut aß, und nachts im Bett hatte er starke Schweißausbrüche. Da er neuerdings einen Schmerz in der Rippengegend verspürte, hatte sein Hausarzt unlängst Franks Brust röntgen lassen. Dabei kam heraus, daß der Krebs in den Lymphknoten in seiner Brustmitte wiedergekehrt war und sich auch auf eine Anzahl Rippen ausgestreut hatte.

Obwohl er in der Zwischenzeit schon mehrmals wieder bei seinem Hausarzt gewesen war, hatte Frank nie nach dem Ergebnis der Röntgenuntersuchung gefragt. Dies wurde als bemerkenswerte Verhaltensänderung bei ihm empfunden, denn bis jetzt war es ihm immer ein Anliegen gewesen, bis in alle Einzelheiten zu erfahren, was seine Krankheit machte und wie die Behandlung aussah. Statt dessen begann Frank sich zu beschweren, daß er sich „schrecklich" fühle. Wer ihn zu dieser Zeit hörte, merkte schnell, daß es ihm um mehr ging als um seine lästigen physischen Symptome. Frank war ein intelligenter und wortgewandter Mensch, aber jetzt mußte er förmlich um die rechten Worte ringen, wenn er beschreiben wollte, wie er sich fühlte. Schließlich hielt er sich an die Worte „deprimiert", „bedrückt" und „hoffnungslos". Sein Hausarzt meinte, diese

Gefühle seien die Symptome einer durch die Ungewißheit über seinen Zustand ausgelösten akuten Depression und verschrieb ihm ein antidepressives Medikament. Doch in den darauffolgenden Wochen zeigte Frank keine Anzeichen der Besserung, was schließlich den Ausschlag dafür gab, daß seine Betreuer einen zeitweisen Aufenthalt im Hospiz vorschlugen.

Als ich ungefähr eine Woche nach seiner Aufnahme bei Frank im Zimmer saß, begann er Gefühle der Enttäuschung zu äußern. Er war mit hohen Erwartungen hierher gekommen, weil er schon „so viel Gutes über das Hospiz gehört" habe. Immerhin, wir hatten einige seiner physischen Symptome mildern können; vor allem seine Schmerzen und der Nachtschweiß hatten auf unsere Behandlung angesprochen. Aber das verschaffte ihm eindeutig keinen großen Trost. Frank war offenkundig immer noch von dem Bewußtsein überwältigt, sich „schrecklich" zu fühlen.

„Ich fühle mich einfach entsetzlich", sagte er. „Niemals habe ich so etwas in meinem Leben empfunden. Ich weiß, ich habe schon einiges mitgemacht, aber dieses Gefühl ist schlimmer als jeder körperliche Schmerz. Mir kommt es so vor, als sei es völlig sinnlos, daß ich morgens aufwache, und völlig sinnlos, daß ich wieder einen neuen Tag durchlebe. Ich weiß, daß Sie alle versuchen, mir zu helfen, und Sie sind alle sehr nett zu mir, aber das nutzt überhaupt nichts. Mir hilft gar nichts. Selbst wenn ich ‚abzuschalten' versuche, überkommt mich gleich wieder dieses Gefühl. Es ist wie eine Stimme, die mich verspottet und mir dauernd sagt, ich brauchte mir doch gar nichts vorzumachen, alles sei sowieso vergeblich, und wer auch immer etwas mit mir mache, werde ja doch nicht das Geringste bewirken. Wenn das so weitergeht, wäre ich lieber tot. Ehrlich gesagt, Herr Doktor, mir ist sogar schon in den letzten Tagen der Gedanke gekommen, ich sollte etwas unternehmen, um Schluß zu machen. So schlimm ist es. Was mich noch davon abhält, ist meine Sorge, wie das auf meine Frau wirken könnte. Und außerdem bin ich zu feige dazu, was auch damit zu tun hat, daß ich Angst davor habe, was mir auf der anderen Seite blühen könnte. Ich bin mit so großen Hoffnungen hierher gekommen. Können Sie denn sonst gar nichts mehr tun, um mir zu helfen?"

Als ich diesem zutiefst gequälten Mann zuhörte, wußte ich, daß es sinnlos gewesen wäre, wieder nach Worten zu suchen, die ihn hätten trösten oder ihm Mut machen können. Das hatten ich und andere aus unserem Team ihm in den letzten Tagen schon mehr als genug geboten, aber es schien nur wie Salz auf seine Wunden gewirkt zu haben. So beschloß ich statt dessen, Frank die Möglichkeit anzubieten, seine Erfahrung nichtverbal auszuloten, nämlich mit Hilfe von Bildern. Ich erklärte ihm, wie das Arbeiten mit Bildern vor sich gehe; es handle sich um eine Technik, die ihm vielleicht helfen könnte, etwas besser mit sich selbst zurechtzukommen. Er war auf der Stelle einverstanden, mit mir zu üben, und wir vereinbarten, noch am selben Tag etwas später eine erste Sitzung zu halten.

Als ich am Nachmittag wieder zu Frank kam, lag er auf dem Bett in seinem Einzelzimmer. Ich erklärte ihm in allen Einzelheiten, worum es bei dieser Übung mit inneren Bildern gehe und betonte dann ausdrücklich, daß er im Verlauf der gesamten Übung zu jedem Zeitpunkt frei entscheiden könne, ob er weitermachen wolle oder nicht. Wenn er wolle, könne er jederzeit die Augen aufschlagen und mit mir darüber reden, was in ihm vorgegangen sei. Frank schien damit recht zufrieden zu sein, und wir beschlossen, anzufangen.

Zunächst bat ich ihn, die Augen zu schließen und machte mit ihm eine Entspannungsübung. Dann fragte ich ihn, ob er sich jetzt dieses „schrecklichen" Gefühls bewußt sei, von dem er in den letzten Tagen so oft gesprochen habe. „Ja", gab er ohne jedes Zögern zur Antwort. Ich bat ihn, seine Aufmerksamkeit auf dieses Gefühl zu konzentrieren, nach der Stelle in seinem Körper zu tasten, an der es zu sitzen schien, seine Form, seine Struktur, seine Tönung wahrzunehmen und ihm dann Raum zu geben, es sich in seinem Bewußtsein ausdehnen zu lassen. Dann bat ich ihn, immer noch ganz deutlich bei diesem Gefühl zu bleiben und jetzt ein Bild vor seinem inneren Auge hochkommen zu lassen, das ihm etwas zeige, was er unbedingt sehen müsse. Daraufhin begann Frank das Gefühl als solches zu beschreiben; er rang dabei um Worte, die seine Schrecklichkeit angemessen beschreiben konnten, und er versuchte Erklärungen dafür zu finden, wodurch es verursacht war und was ihm seiner Ansicht nach helfen könnte.

Ich beschloß, noch einmal anders anzusetzen. Ich bat Frank wieder, die Augen zu schließen und sich in seiner Phantasie ein Häuschen vorzustellen. „Können Sie ein solches Häuschen sehen, Frank?"

„Ja", entgegnete er, „es hat cremefarbene Wände und ein Strohdach und steht in einem Tal, irgendwo in Westirland."

„Und was für Gefühle kommen Ihnen, wenn Sie dieses Häuschen anschauen?"

„Friedlich, ruhig, traumhaft", gab er zur Antwort.

Ich bat ihn, sich jetzt vorzustellen, er stehe unter der Tür des Häuschens, schaue von dort aus hinaus und sehe sich selbst in der Nähe stehen. „Wenn Sie ihn so anschauen – wie kommt Ihnen Frank dabei vor?" fragte ich ihn.

„Schlapp, grau, einsam", sagte er.

Ich schlug vor, jetzt solle er sich vorstellen, er stehe ein Stück entfernt von diesem Häuschen und schaue zu ihm hin, und in diesem Häuschen sei jemand voller Weisheit und Liebe, jemand, der seine Geschichte kenne, sich tief um ihn sorge und ihn ganz und gar verstehe.

„Ich weiß, wer das ist", unterbrach er mich. „Das ist Joe, ein alter Mann aus dem Westen Irlands, der hier in Dublin ganz in meiner Nähe gewohnt hat. Er ist letztes Jahr gestorben. Joe war ein Mensch, der wenig sagte, aber verstand, was man meinte."

Ich schlug vor, Joe trete jetzt an die Tür des Häuschens und Frank könne ihn dort stehen sehen. Joe lade ihn ein, auf eine Tasse Tee hereinzukommen und mit ihm am Kamin zu plaudern. Er könne jetzt wählen, ob er diese Einladung annehmen wolle oder nicht. Daraufhin sagte Frank, er wolle hineingehen.

„Wie Sie jetzt so bei Joe sitzen, können Sie ihm sagen, wie Sie sich derzeit fühlen und was Sie brauchen?" fragte ich.

„Ich fühle mich so einsam, Joe", sagte Frank und redete dabei mit geschlossenen Augen in den Raum hinein. „Das ist so neu für mich. Ich brauche jemand, der mich versteht." Dann wurde Frank ganz still und verharrte mehrere Minuten im Schweigen.

Ich fragte ihn: „Können Sie beschreiben, was jetzt vorgeht, Frank?"

„Joe schweigt", sagte er. „Er hat mir zugehört und seine Hand auf die meine gelegt."

Nach einer kleinen Weile langte ich zu ihm hinüber, legte meine Hand auf die seine und sagte: „Lassen Sie das jetzt ganz zu, Frank, diese Geste der Solidarität von Joe. Öffnen Sie sich dafür, wie sich das anfühlt, lassen Sie es in sich herein, erlauben Sie das." Einige Minuten danach forderte ich ihn auf, sich für diesmal von Joe zu verabschieden, im Wissen, daß es diesen Ort für ihn gebe, den er wieder aufsuchen könne, wenn er den Wunsch dazu habe. Dann solle er sich aus dieser Szene herausbegeben und ins Hier und Jetzt zurückkommen, und wenn er soweit sei, seine Augen aufschlagen.

In dieser Nacht schlief Frank tief. Bei meinem Besuch am nächsten Morgen erkundigte ich mich nach seinem Befinden. „In mir drin fühle ich mich ein bißchen leichter", gab er zur Antwort, „irgendwie versöhnter." Ich hatte den Eindruck, er sehe besser aus und stellte fest, daß er nicht mehr so verschwitzt und blaß aussah wie bislang.

Frank blieb die ganzen darauffolgenden Tage entspannt und fühlte sich wohler. Doch als ich ihn gegen Ende der Woche besuchte, begann er mir einen „Alptraum" zu erzählen, den er in der vergangenen Nacht gehabt habe. „Ich wachte jäh auf. Ich war hier in meinem Zimmer. Es war, als hätte ich sehr lange geschlafen. Ganz langsam ging mir auf, daß ich hier in der Falle saß, als Gefangener. Der Raum war nur schwach vom Mondlicht erleuchtet, das durch das Fenster hereinfiel. Ich begann zu merken, daß ich nicht allein war. Drüben in der Ecke, wo es besonders dunkel war, standen vier Menschen. Es waren Russen, und sie waren mir fremd und doch gleichzeitig sehr vertraut, als wären sie ein Teil meiner selbst. Es waren Mitglieder irgendeiner Ballettgruppe. Es schien, wir waren irgendwie Verbündete, und als sei es wichtig, daß ihre wahre Identität verborgen bleibe. Wenn ihre Identität bekannt würde, würden wir

alle versenkt werden." Der Traum war auf diese Art weiterge-
gangen und hatte schließlich damit geendet, daß Frank das Gefühl hatte, er müsse jetzt das Bett verlassen. Als er aufwachte,
stand er neben seinem Bett und schaute ins besorgte Gesicht
der Krankenschwester.

Ich sagte, es könne vielleicht wertvoll für uns sein, wenn wir
uns etwas Zeit nähmen, um uns gemeinsam noch ein paar Gedanken über diesen Traum zu machen. Frank war einverstanden, und als er sich auf seinem Bett mit geschlossenen Augen
entspannt hatte, bat ich ihn, sich noch einmal an Inhalt und
Stimmung des Traums zu erinnern. Ich fragte ihn, welche Gefühle ihm kämen, wenn er auf diese Weise noch einmal den
Traum in seiner Erinnerung wachrufe. „Angst und Beklem-
mung", sagte er. Daraufhin bat ich ihn, sich noch einmal den
Teil des Traumes zu vergegenwärtigen, der ihm am bedeutsam-
sten zu sein scheine, ganz gleich, was das sei. Da kam er wieder auf die Begegnung mit den russischen Tänzern zu sprechen.
Ich ermutigte ihn, in diese spezielle Szene noch einmal als
aktiver Teilnehmer einzusteigen und darauf zu achten, was
passiere. Einige Minuten lang war er still. Dann schlug er die
Augen auf und begann davon zu sprechen, wie ungemein
wichtig es sei, daß die Identität der Russen unbekannt bleibe.
„Das ist eine Frage auf Leben und Tod." Er sagte zu ihnen:
„Paßt ja auf – laßt euch nicht von ihnen entdecken, damit sie
nicht herausbringen, wer ihr seid. Sonst sitzen wir alle in der
Falle." Während er das zu ihnen sage, so beschrieb er, sähen sie
ihn „ganz verwundert" an, als sei er zugleich „ein Fremder und
doch ein eng Vertrauter von ihnen." Sie fragten ihn, was denn
passieren würde, wenn man sie entdecke. Er gab ihnen zur
Antwort: „Ich säße dann für immer hier in der Falle." Er sagte,
in diesem Augenblick habe ihn eine ungeheuer schreckliche
Angst befallen. Sie fragten ihn, was er denn vor allem von
ihnen brauche. „Daß man mir glaubt", hatte er zur Antwort gegeben, worauf sie entgegnet hätten: „Wir glauben dir, wir glauben dir, und wir werden dich nicht vergessen." Ich schlug vor,
er solle kurze Zeit bei diesen Worten und den Gefühlen, die
sie hervorriefen, verharren.

Anschließend sprachen Frank und ich darüber, was das alles mit seiner augenblicklichen Situation zu tun haben könnte. Er sagte, das Gefühl, in der Falle zu sitzen, sei ihm aus den letzten Wochen recht vertraut, und er habe den Eindruck, die Notwendigkeit, daß die Identität der Russen unbekannt bleiben müsse, habe wohl mit seinem eigenen Empfinden der Ungewißheit über seine Diagnose und seine Zukunftschancen zu tun. Dann überraschte er mich damit, daß er sich mir zuwandte und sagte: „Ich spüre, daß man mir vielleicht damit helfen könnte, daß ich genauer wüßte, was gerade vorgeht und wie es voraussichtlich weitergeht." Dann wechselte er das Thema und kam wieder auf die Zusage der Russen zu sprechen, ihm zu glauben. Er sagte: „Das war, als wenn sie sagten, sie würden immer bei mir sein, ganz gleich, was auch passieren werde ... es war, als rede Gott zu mir." Wir beendeten diese Sitzung damit, daß wir vereinbarten, ich würde alle verfügbaren Informationen über seine Krankheit zusammensuchen und so bald wie möglich wiederkommen.

Als ich ihn später an diesem Tag wieder aufsuchte, sagte ich ihm, sein Krebs sei tatsächlich wieder aufgetreten, und seine Lage verschlechtere sich langsam. Er war spürbar enttäuscht. Ich fügte hinzu, daß auch ich bitter enttäuscht darüber sei, daß ich nicht mehr für ihn tun könne, versicherte ihm jedoch, er könne auf jeden Fall bei uns bleiben, so lange er wolle, und daß ich und das übrige Team weiterhin alles tun würden, um ihm zu helfen. „Ist es nicht schrecklich, wie eine solche Krankheit einen Menschen derart in einer Falle festhalten kann?" entgegnete er.

Während der folgenden Wochen wirkte Frank, als habe er viel mehr innere Ruhe gefunden. Obwohl seine physischen Symptome kein Problem mehr darstellten und er den Eindruck machte, als sei er wieder relativ wohlauf und mobil, entschied er sich dafür, im Hospiz wohnen zu bleiben und nur an den Wochenenden heimzugehen. Während dieser Zeit redete er offen mit seiner Familie und dem Pflegepersonal über seine Situation. Eine Ärztin, die sich ebenfalls mit Frank befaßte, hielt in ihrer Krankengeschichte das folgende Gespräch schriftlich fest:

Frank machte Aussagen wie: „Der Krebs ist immer noch da … Ich habe mit meinem Bruder über den Tod gesprochen … Ich habe kaum mehr Energie und Interessen … Wie weiß man, daß man stirbt? … Sagt man es hier allen Patienten, wenn es ans Sterben geht?" Auf diese letzte Frage sagte ich „Nein" und fügte hinzu, sein Körper werde es ihm sagen, wenn die Zeit dafür reif sei. „Mein Körper sagt mir dieser Tage vieles", entgegnete er. Unser Gespräch ging in dieser Art weiter; alles drehte sich um den Tod. Dann kamen wir auf die Kluft zu sprechen, die zwischen dem Wissen des „Faktums", tödlichen Krebs zu haben, und dem emotionalen Annehmen der Tatsächlichkeit dieses Faktums besteht. Mir schien, Frank befand sich genau in dieser Kluft und versuchte, sich in Richtung emotionaler Annahme zu bewegen. Das Gefühl, das ich mitnahm, war Traurigkeit. Es war seine Traurigkeit aus dem Wissen: „Das Ende ist nahe." Als ich später mit Franks Bruder plauderte, merkte ich, daß er Frank aufzuheitern und ihm über sein Traurigsein hinwegzuhelfen versuchte. Ich sagte ihm, vermutlich sei es hilfreicher, einfach Frank seine Nähe spüren zu lassen und jetzt seine Traurigkeit mit ihm zu teilen.

Im Laufe der darauffolgenden beiden Wochen wurde Frank spürbar immer schwächer. Er blieb gefaßt und schien nach außen mit sich selbst im Reinen. Alle mit seiner Betreuung Befaßten spürten, daß sein Tod nahe bevorstand. Am Sonntagmorgen sagte er der Krankenschwester, die ihm beim Waschen half, er wolle später am Tag für einige Stunden heimgehen. Er fügte hinzu: „Ich habe zwar etwas Sorgen, wie das gehen wird, aber ich möchte unbedingt diesen Besuch machen." Nach kurzer Zeit daheim wurde er verwirrt und mußte früher als geplant wieder ins Hospiz zurückgebracht werden. Bei seiner Rückkehr wurde er vom diensthabenden Arzt untersucht, der feststellte, daß er extrem schwach war und sich sehr unwohl fühlte. Er starb in den frühen Stunden des darauffolgenden Morgens.

Franks Empfinden, sich „schrecklich" zu fühlen, war der emotionale Preis dafür, daß er die Leugnung als psychologischen Verteidigungsmechanismus nutzte. Die Leugnung wirkt als psychologischer Schutzmechanismus, indem sie jene Aspekte der Wirklichkeit im Unbewußten zurückhält, die, würde man sich ihnen bewußt stellen, zu schmerzlich oder zu angsterregend wären; es handelt sich also um eine psychologische Version des Mottos „Aus den Augen, aus dem Sinn". Bei den meisten Menschen funktioniert die Leugnung mit Erfolg, und es handelt sich dabei im Grunde nicht um eine Phase, die der Mensch durchschreitet, sondern um einen inneren Schutzschild, hinter den der Betreffende zeitweise schlüpft, wenn er sich vorübergehend etwas vom übermäßigen Streß seiner Situation erholen muß. Bei manchen Menschen allerdings funktioniert das Leugnen nicht besonders gut: Die vom Erlebten bewirkten Gefühle der Furcht und Angst, die unterdrückt werden, brechen sozusagen durch ein „Leck" aus, und zwar entweder in Form von physischen Symptomen, wie bei Seans unkontrollierbaren Schmerzen, oder, wie wir bei Frank gesehen haben, in Form von emotionalen Symptomen. Indem Frank die Tatsächlichkeit seines nahenden Todes leugnete, schnitt er sich auch vom inneren Unbekannten, von den dunklen und sinnträchtigen Tiefen seiner Seele ab. Das hielt ihn zwar in der Sicherheit und Vertrautheit seines Oberflächen-Geistes, aber es führte gleichzeitig zu Gefühlen der Sinn- und Hoffnungslosigkeit.

Zwischen dem, was wir als Seelenpein bezeichnen, und Depression gibt es viele Gemeinsamkeiten. Die Merkmale des Kampfes um einen Ausweg aus der seelischen Not, wie sie in Franks Geschichte auftauchen, tragen viele Züge, die denen einer akuten heftigen Depression gleichen, während eine Seelenpein, die schon ziemlich lange Zeit vor sich hinschwelt, das Aussehen einer apathischen Depression annehmen kann, bei der die Betreffenden im Lauf ihres Rückzugs aus dem Leben und Lebendigsein wahrscheinlich zunehmend Gefühle der Entfremdung, der Dürre und der Sinnlosigkeit entwickeln. Während Franks Hausarzt sein Leiden als Depressionsschub diagnostiziert hatte, betrachtete ich es als Seelenpein. Wie kann man nun angesichts der Tatsache, daß sich beide Phänomene ähneln können, wissen, ob man es im Einzelfall mit einem biologischen Problem zu tun hat, das sekundäre emotionale und psychologische Wirkungen zeitigt, oder um ein Phänomen primär psychospirituellen Ursprungs, oder vielleicht im betreffenden Menschen um eine Kombination von beidem? Ich weiß die Antwort darauf nicht. Folgenreich allerdings ist, ob wir die Erfahrung eines Menschen in der Sprache des einen oder des anderen Symptoms beschreiben, denn das hat Einfluß auf unsere Sicht der Lage, was wiederum bestimmt, wie wir bei der Behandlung damit umgehen. Meine Schwierigkeit, Franks Gefühl, daß alles nur noch schrecklich sei, lediglich als Phase einer akuten Depression zu bezeichnen und ihm zur Behandlung *nur* antidepressive Medikamente zu verschreiben, rührt daher, daß ich spürte: Wenn ich nur so mit seinem Leiden umgehe, verkenne ich die vollen existentiellen Dimensionen dieses Leidens und werte letztlich das ab, was er erlebt. Hinzu kam, daß die Diagnose „Depression" das Problem, das sie zu beheben versuchte, nur verschärfte, statt es zu mildern, denn sie verstärkte Franks Sichtweise seiner selbst als hilfloses „Opfer" und seiner Betreuer als „Helden".

Nicht daß ich froh darüber wäre, daß die für Frank verschriebenen Antidepressiva nicht wirkten, während meine Methode das tat, und ich folglich den Beweis geliefert bekam, daß ich „Recht" und sein Hausarzt „Unrecht" hatte. Ich habe keine Schwierigkeiten, zu akzeptieren, daß das psychologische und spirituelle Phänomen Seelenpein mit biologischen Veränderungen zu tun hat und Psychopharmaka einschließlich Antidepressiva in manchen Fällen eine hilfreiche Rolle spielen können. Jedoch ist eine solche Behandlung nur ein kleiner Teil von dem, was erforderlich ist, um ganzheitlich auf das Phänomen der Seelenpein einzugehen. Oder anders gesagt: Das, was Frank erfahren hatte, nur als Depression zu betrachten und darauf nur mit der Gabe von Antidepressiva zu reagieren, wäre eine rein oberflächliche Reaktion auf die Oberflächensymptome der Seelenpein gewesen. In Wirklichkeit war eine Form des Eingehens darauf notwendig, die auch die tieferen Dimensionen dessen ansprach, was er durchmachte. Deshalb war es richtig, Franks Leiden als „Seelenpein" zu deuten; denn das bedeutete, daß hier mehr erforderlich war als biomedizinische Fertigkeiten und Künste.

Als Frank in der Anfangszeit unseres Kontakts offen seine Gedanken an einen Selbstmord aussprach, gab uns das die Möglichkeit, genauer der Frage nachzugehen, was sich jemand, der in Seelenpein lebt und bereits dem Tod nahe ist, in Wirklichkeit wünscht, wenn er den Wunsch äußert, sein Leben möge aufhören, oder wenn er sagt, er verspüre den Wunsch, sein Leben selbst zu beenden, oder wenn er uns direkt darum bittet, ihm dabei zu helfen, mit seinem Leben Schluß zu machen. Ich glaube, sehr oft läßt sich die Bitte „Mach Schluß mit meinem Leiden, ich kann so nicht weitermachen" deuten als: „Hol mich heraus aus diesem Leiden, ich brauche Hilfe, das ist unerträglich." Das, was einen Menschen so weit treiben kann, daß er in seiner tödlichen Krankheit an Selbstmord oder Euthanasie denkt, ist ein unkontrollierbarer und überwältigender physischer oder emotionaler Schmerz, oder die Erwartung, die Zukunft könne solche entsetzlichen Dinge bringen. In Wirklichkeit ist es, um die Schmerzen zu töten, weder notwendig, Selbstmord zu begehen, noch, als Arzt den leidenden Menschen zu töten. Was notwendig ist, ist eine erfahrene, wirksame Schmerztherapie, die solche Menschen von ihrem unerträglichen Leiden befreien und ihnen ein neues Leben bieten kann. Allerdings kommt es vor, daß jemand trotz der erfolgreichen Eindämmung der Symptome (und der medizinischen Versuche, auf den Verdacht klinischer Depression hin zu behandeln, wie in Franks Fall) weiterhin Todeswünsche äußert oder um Sterbehilfe bittet, eventuell mit dem Zusatz, das Leben habe für ihn allen Sinn verloren.

Für jemanden, der ausschließlich im Rahmen des medizinischen Modells und auf der Oberflächen-Ebene der Wirklichkeit arbeitet, sind derartige Situationen unerträglich und wecken, wie vorhin besprochen, in seinem Ego die Überlebensreaktionen. Infolgedessen erhält jemand wie Frank dann vielleicht immer höhere Dosen sedierender Medikamente, in der Absicht, seine Schmerzen zu erleichtern, und dieses Ziel wird schließlich erreicht, indem der Patient dann fast nur noch, wenn nicht ständig, schläft. Ich möchte zwar zugestehen, daß diese Behandlungsstrategie gelegentlich notwendig ist, aber ich möchte auch nochmals auf die Worte des Patienten „Hilf mir, daß ich sterben kann" zurückkommen: Meiner Meinung nach gibt es noch eine andere Möglichkeit, diese Bitte zu verstehen und ihr zu entsprechen.

Wenn wir *nur* auf der Oberflächen-Ebene und im Rahmen des medizinischen Modells arbeiten, nehmen wir diese Bitte wörtlich. Da wir uns in diesem Fall zudem mit unserem eigenen verschreckten und frustrierten heroischen Ansatz identifizieren, laufen wir womöglich Gefahr, zu dem falschen Schluß zu kommen, der einzige Weg, das Leiden dieses Menschen (und gleichzeitig unser eigenes Leiden) zu beenden, bestehe darin, diesen Menschen zu töten. Diese Logik hat gewaltige Mängel. Darüber hinaus ist sie gefährlich, wobei ihre Gefahr, auf die Hillman hinweist, nicht darin besteht, „daß hier Todesphantasien entwickelt, sondern, daß diese wörtlich genommen werden". In der Sprache der Seelenpein ausgedrückt: Jemand, der nach Sterbehilfe schreit, schreit in Wirklichkeit nach Tiefe, bittet um Hilfe, ihm von der Oberfläche weg, auf der er festsitzt und leidet, in die Freiheit der unbekannten Tiefe hineinzuhelfen. Wenn man die Bitte eines Menschen in diesem Sinne versteht und ihr angemessen entspricht, kann man diesem Menschen helfen, *metaphorisch* zu sterben. Mit anderen Worten: Man kann diesem Menschen zum Sterben helfen, ohne ihn zu töten.

So habe ich Franks Denken an den Selbstmord und seine Todessehnsucht verstanden: als verzweifelten Schrei eines Menschen, der um einen Ausweg aus dem Leiden kämpft, und als Hinweis darauf, in welcher Richtung die Erlösung liegen könnte – nämlich in Richtung jenes metaphorischen Sterbens, das stattfinden muß, wenn jemand in die Unterwelt seiner Seele absteigt. Die Imaginationsübungen, die Frank dann im Rahmen der bereits laufenden schmerzstillenden Behandlung mitmachte, befähigten ihn, diesen Abstieg zu vollbringen.

Anfangs hatte Frank einige Schwierigkeiten mit dieser Bilderwelt, und ich fragte mich schon, ob er ein Mensch sei, der einfach nicht auf diese Weise arbeiten konnte; solchen Menschen bin ich schon begegnet, wenn auch selten. Wäre dies der Fall gewesen, hätten wir als Team eine andere Form der Tiefenarbeit in Betracht gezogen, die für ihn geeigneter gewesen wäre, wie zum Beispiel das Arbeiten mit dem Körper, Musiktherapie oder irgendeine Form der Meditation. Wie sich herausstellte, lag seine Schwierigkeit nicht im Arbeiten mit Bildern *an sich,* sondern darin, daß ich mit ihm jäh mitten in diese beziehungsreiche und spontane Welt der Bilder hineingesprungen war. Vielleicht hatte ihn zu diesem Zeitpunkt einfach der mit dieser Art des Arbeitens verbundene Anspruch überfordert, sich einfach in diese Bilder hinein loszulassen. Daher verwendete ich als Einstieg die Methode des gelenkten Imaginierens, die sich für ihn wahrscheinlich sicherer anfühlte, und auf diese Weise konnte ich ihn bis dahin führen, wo er sich frei entscheiden konnte, ob er seiner eigenen Phantasiewelt trauen wollte oder nicht. Das begann damit, daß er es zuließ, das Bild eines weisen Menschen, der auf ihn wartete, in sich hochkommen zu lassen, und es wurde an dem Punkt bestätigt, an dem er entschied, ob er in das Häuschen hineingehen und ein Gespräch mit diesem weisen Menschen anfangen wollte oder nicht.

Das war ein wichtiger Moment. Es kann sein, daß ein Mensch in die Welt der Bilder eintaucht und daraus unberührt und unverändert wieder herauskommt. Geht es beim ersten Schritt darum, in die Bilderwelt überhaupt einzutreten, so besteht der zweite und wichtigere Schritt darin, *sich während des Aufenthalts in dieser Welt der Bilder auf die richtige Weise auf sie einzulassen.* Betritt man diese Welt, um sie komisch zu finden oder sie auszuplündern, dann geschieht nichts, und die Bilder, denen man dort begegnet, bleiben im besten Fall eine interessante Illusion. Wenn hingegen der Betreffende wie Frank in der Haltung des Zeugen und Novizen und mit der Bereitschaft, sich darauf als Lehrling einzulassen, in diese Welt eintritt, erfährt er diese Bilder als lebendige Wirklichkeit, und was passiert, ist völlig offen.

Als Frank entschied, der Bilderwelt der Seele zu vertrauen, beschleunigte sich sein Abstieg. Die Einzelheiten dieses Teils der Imaginationsübung sind interessant. Das Häuschen lag im Westen, wo die Sonne stirbt und von dem es heißt, daß dort der Eingang in die Unterwelt des Hades liege, und der weise Mensch, der seinen Ruf erwiderte, kam in der Form eines toten Freundes, Joe. Frank, der vom Selbstmord gesprochen hatte, war tatsächlich ins finstere Reich des Todes hinabgestiegen. Dort war er fähig, sein tiefstes Bedürfnis beim Namen zu nennen, und er konnte sich dafür öffnen, die schweigende Zuwendung und Ermutigung durch seinen Freund zu empfangen.

Die Art, wie ich Frank einige Tage später seinen Traum von der Begegnung mit den Russen aufarbeiten half, ist eine Variation des spontanen oder evokativen Arbeitens mit Bildern. Ich lege besonderen Wert darauf, mit den eigenen Traumbildern eines Menschen zu arbeiten, denn ich weiß, daß diese vom Unbewußten des Betreffenden besonders fein auf den jeweiligen Zeitpunkt und seine spezielle Situation abgestimmt sind. Diese Art von Traumarbeit zielt nicht auf die Traumdeutung ab, denn diese kann allzu leicht dazu führen, daß man den Traum zerlegt und zerstört. Das würde dem heroischen Umgang mit Träumen entsprechen, so wie Herakles bei seinem Abstieg in den Hades eine Spur von getöteten Tieren, verwundeten Göttern und toten Träumen hinter sich herzieht. Was wir vielmehr brauchen, ist ein Umgang mit Träumen, den Hillman als „Traumerhaltung" (dream conservation) bezeichnet, dessen goldene Regel darin besteht, sich so auf den Traum einzulassen und mit ihm zu arbeiten, daß „der Traum lebendig erhalten bleibt". Dieser Art der Traumarbeit liegt die Auffassung zugrunde, daß den Traumbildern eine angeborene, dynamische heilkräftige Weisheit innewohnt, die jemand, der dem Traum Vertrauen schenkt, lebendig erfahren kann, was viel hilfreicher ist, als wenn er den Traum rational zu verstehen versucht. Das gestattet den Traumbildern, sich nach ihrem eigenen Wunsch zu verhalten und den Betreffenden dorthin zu führen, wohin sie wollen.

Der Inhalt von Franks Traum zeigt, daß es sich bei den verschiedenen Abschnitten des Chiron-Mythos nicht um „Stufen" handelt, die ein Sterbender sauber der Reihe nach durchschreitet. Franks Entschluß zum Abstieg und sein Abstieg während der vorangegangenen Imaginationsübung waren zweifellos echt gewesen, aber sein nachfolgender Traum zeigte, daß in anderen Teilen seiner Psyche das Ringen, so weit zu kommen, noch anhielt. Franks ganzes Überleben schien davon abzuhängen, daß seine Traum-Gäste nicht identifiziert und beim Namen genannt wurden, was er seinerseits auf seinen Wunsch bezog, die Einzelheiten seiner Prognose nicht genau wissen zu wollen. Als er jedoch wieder in diese Traumsequenz eintrat und ihn seine Gäste fragten, was er am meisten von ihnen brauche, schien er über diese Angst hinauszuwachsen, bis zu dem Wunsch hin, daß man ihm glaube. Ihre Worte „Wir glauben dir, wir glauben dir, und wir werden dich nicht vergessen" berührten ihn offensichtlich sehr tief; er sprach von einem Gefühl, „als rede Gott zu mir".

Als Frank mich um genauere Auskünfte über seinen Zustand und seine vermutliche Prognose bat, war es offensichtlich, daß er auf etwas anderes in sich selbst ansprach als auf die bisherige Stimme, die ihn gewarnt hatte, solche Auskünfte könnten bedeuten, daß er „für immer in der Falle" sitze. Es schien, als ob ihm der Traum und die anschließende Auseinandersetzung mit ihm dabei helfe, die Quelle seiner Angst direkt ins Auge zu fassen und zu erkennen, daß paradoxerweise gerade darin der Ausweg aus dem Gefängnis bestand, in dem er ohnehin schon saß. Als er alle verfügbaren Informationen erhalten hatte, verlagerte das seine Sichtweise der Situation. Das wurde offenkundig in seinen Worten: „Ist es nicht schrecklich, wie eine solche Krankheit einen Menschen derart in einer Falle festhalten kann?" Die Gefühle, daß es „schrecklich" sei und daß er „in der Falle sitze", hatte er immer noch, aber sie hatten nicht mehr die gleiche tyrannische Macht über ihn wie bisher. Sie waren jetzt nur noch Teil eines viel größeren Gesamtbildes und klangen wie ein Echo von Seans Worten: „Die Schmerzen sind immer noch da, aber jetzt kann ich damit leben." Ich entsinne mich des Gefühls, daß sich ungefähr um diese Zeit auch etwas zwischen Frank und mir verändert hatte. Wir begegneten uns jetzt viel eher von gleich zu gleich als vorher.

Die Geschichte Franks und die anderen in diesem Teil des Buches enthaltenen Geschichten könnten den Eindruck erwecken, als sei alles nur Wirrwarr und Konflikt gewesen, bis ich den magischen Zauberstab der Imaginationsübungen schwenkte und sich dadurch alles glücklich löste. Das entspricht nicht der Wirklichkeit, weder in dieser Geschichte, noch in den anderen. Damit will ich nicht sagen, daß die Hinkehr zur Tiefe nichts Wesentliches bringe. Doch wurde diese innere Bewußtseinsverlagerung, die in Frank, genau wie in Sean und Dara, eine qualitative Änderung bewirkte, nur deshalb möglich, weil schon vorher das für einen solchen Wandel günstige Umfeld geschaffen worden war, und zwar durch die Schmerztherapie, die diese Menschen erhielten. Diese Veränderung war auch im Falle Franks etwas Subtiles und schwer Greifbares, und dem oberflächlichen Beobachter hätte sie leicht entgehen können. Doch für die Angehörigen und das Personal, die ihn gut kannten, war der Unterschied offensichtlich und „mit dem Bauch" zu spüren. Wenn ich jetzt bei Frank war, hatte ich als Betreuer nicht mehr dieses Gefühl verzweifelter Ohnmacht, das mich bedrängte, ich müsse etwas Hilfreiches tun, verbunden mit der Panik über meine Unfähigkeit, etwas tun zu können. Alles war wie vorher, und doch hatte sich alles verändert.

Daß Frank weiterhin emotional heftig kämpfte, offenbart sein Gespräch einige Wochen später mit der anderen Stationsärztin. Sie hat klar formuliert, daß eine Kluft zwischen seinem Wissen um die Fakten und seinem emotionalen Annehmen dieser Fakten bestand. Frank saß mitten in dieser Kluft, rührte immer wieder an das emotionale Annehmen und zuckte dann wieder davor zurück, wie eine Motte, die eine Flamme umflattert. Ihr Rat an seinen Bruder ist bezeichnend. Dieser fand es unerträglich schmerzlich, Frank über seinen bevorstehenden Tod reden zu hören. Sein Wunsch, diesen Schmerz zu lindern, veranlaßte ihn zum Versuch, Frank aufzuheitern, damit sie beide sich wohler fühlten. Das war nicht das, was Frank brauchte. Das Annehmen ist nicht etwas, was man einfach beschließen kann. Es ist nicht wie ein Lichtschalter, der sich nach

Belieben ein- und ausschalten läßt. Tiefes emotionales Annehmen ist wie das Sich-Setzen einer Schlammwolke in einem
aufgewühlten Teich. Im Lauf der Zeit setzt sich der Schlamm
auf dem Boden ab, und das Wasser wird klar. Daher war der
Rat der Ärztin an den Bruder genau richtig: „Tun Sie nicht zu
viel. Seien Sie einfach da. Die Zeit wird das Übrige tun."

„Ich bin nun einmal keine mittelalterliche Mystikerin": Bairbres Geschichte

Bairbre begegnete ich zum ersten Mal, als sie nach Atem rin-
gend in ihrem Einzelzimmer im Krankenhaus lag. Es war Anfang Dezember. Man hatte mich gebeten, zu ihr zu gehen und
zu versuchen, etwas gegen ihre extreme Kurzatmigkeit zu
tun, die ihr das Leben äußerst mühsam machte. Sie war zwei
Wochen zuvor wieder ins Krankenhaus eingeliefert worden,
nachdem eine Röntgenuntersuchung ergeben hatte, daß sich
ihr bösartiges Melanom jetzt auf die Lymphknoten in ihrer
Brustmitte ausgebreitet und begonnen hatte, ihr die Atemwege
zu blockieren. Der Radiotherapeut hatte ihr zur Linderung
ihrer Beschwerden eine Serie von Bestrahlungen verordnet,
aber das hatte bislang ihre Kurzatmigkeit nicht beheben können. In diesem Stadium hatte sie große Schwierigkeiten mit
dem Sprechen, weil sie sehr schnell atmen mußte und das
Sprechen heftige Hustenanfälle auslöste, bei denen sie fast an
dickem, klebrigem Schleim erstickte.

Mein erster Eindruck war der einer sehr kranken, gequälten
Frau mittleren Alters. Die Vorhänge ihres Zimmers waren zu-
gezogen, das Licht nur dämmrig. Ihr Mann Joe saß an ihrem
Bett. Als ich mich auf die andere Seite des Bettes setzte, wurde
ich mir der Geräusche im Raum bewußt: Ich hörte Bairbres
mühsames Atmen und das Zischen des Sauerstoffs durch die
Plastikschläuche, die ihr in der Nase steckten. Sie saß, mit etlichen Kissen unterstützt, hochaufgerichtet in ihrem Bett, und
ihr rechter Arm, der infolge des Drucks der Lymphknoten in

98

ihrem Genick geschwollen war, ruhte auf einem kleinen Kissen in ihrem Schoß.

„Ich hoffe, Sie können mir helfen", seufzte sie, als sie erschöpft ihre Augen schloß. Dann begann Joe die Geschichte von Bairbres langem Kampf mit der Krankheit zu erzählen. Von Zeit zu Zeit öffnete sie die Augen und trug etwas zum Gespräch bei, indem sie etwas korrigierte oder bestimmte Einzelheiten hinzufügte. Als Joe fertig war, sagte Bairbre: „Vor drei Jahren hatte man mir gesagt, ich würde keine zwölf Monate mehr leben. Seit damals hatte ich noch zweieinhalb sehr schöne Jahre. Das hier hat vor sechs Monaten angefangen. Diesmal ist es anders. Ich habe lange genug gekämpft." Ich fragte sie, ob sie im Hinblick auf die Zukunft Sorge oder Angst empfinde. „Ich habe keine Angst vor dem Tod", erwiderte sie, „aber ich habe Angst davor, was ich bis dahin noch alles durchmachen muß. Ich möchte einfach nicht mehr so weitermachen wie bisher."

Als ich Bairbre zwei Tage später wieder besuchte, hatte die neue Medikation zu wirken begonnen. Ihr Atem ging leichter, und sie hatte nicht mehr die heftigen Hustenanfälle. Sie wirkte sehr viel entspannter. Ich sah, daß sie noch immer die Schläuche in der Nase trug, obwohl der Sauerstoff, den sie jetzt nicht mehr brauchte, abgestellt war. Sie erzählte mir von sich und ihrer Familie. Obwohl sie aus Dublin stammte, wo ein Großteil ihrer Familie einschließlich ihrer Mutter lebte, hatten sie und Joe ein Haus in Kerry, wo sie in einer Schule, deren Direktor Joe war, als Lehrerin gearbeitet hatte. Sie hatten drei Kinder; die beiden älteren waren an der Universität von Dublin, der jüngste Sohn war im Abschlußjahr an der Schule in Kerry. Wir sprachen darüber, wo sie gern Weihnachten verbringen würde. Wenn ihr Zustand es erlauben würde, hätte sie gern die Reise heim nach Kerry unternommen, aber die Erinnerung an ihre jüngsten schrecklichen Zustände der Atemnot stand ihr noch lebendig vor Augen, und sie fühlte sich unwohl bei dem Gedanken, so etwas noch einmal erleben zu müssen. Dann kam Joe und nahm an der Unterhaltung teil. Das Ergebnis war, daß sie beschlossen, Bairbre über Weihnachten in ein

Krankenhaus in Dublin überführen zu lassen, von wo aus sie in der Lage sein würde, im Maß des ihr Möglichen ihre Angehörigen und Freunde besuchen zu können.

Ich sah Bairbre erstmals wieder, als ich zu Anfang des neuen Jahres aus dem Urlaub zurückkam. Ihr war es über Weihnachten ganz gut gegangen, und obwohl sie nicht rüstig genug gewesen war, das Krankenhaus zu verlassen, hatte sie offensichtlich viel Zuneigung und fröhliches Beisammensein erlebt. Die Erinnerungen an diese Tage trieben ihr Tränen in die Augen. „Jeder Augenblick war umso herrlicher, weil ich wußte, daß ich kein weiteres Weihnachten mehr erleben würde. Es tut so furchtbar weh, die Menschen, die ich liebe, loszulassen. Das möchte ich nicht." Dann wandte sie sich mir zu und fragte mich: „Sollte ich Kübler-Ross lesen? Ich habe das Gefühl, auf diesem Gebiet noch völlig unbedarft zu sein. Wie kann ich mich auf das vorbereiten, was mir blüht?" Ich äußerte die Ansicht, an diesem Punkt komme es vielleicht nicht so sehr darauf an, sich möglichst viele Informationen zu verschaffen, sondern darauf, auf neue Weise mit ihrer eigenen Erfahrung umzugehen und sie zu sehen. Ich erzählte ihr vom möglichen Wert des Arbeitens mit inneren Bildern, und wie für sie ihre eigene Phantasie zur Brücke in ihre eigene tiefe innere Weisheit werden könnte. Bairbre wurde offensichtlich neugierig darauf und war damit einverstanden, auf der Stelle mit mir eine erste Imaginationsübung zu machen.

Ich bat Bairbre, die Augen zu schließen und sich nach und nach fest auf das zu konzentrieren, was sie in diesem Augenblick in ihrem Körper, ihren Gefühlen und ihrem Geist empfinde. Dann schlug ich vor, sie solle zu jenem Teil ihrer selbst zurückkehren, der all das wahrnehme, also zu dem bewußten Teil ihrer selbst, der mit diesen anderen Teilen eins und doch mehr als alle diese sei. In diesem Punkt solle sie ruhen.

„Und jetzt, Bairbre, stellen Sie sich vor, Sie stehen auf einem grasüberwachsenen Hügel", sagte ich. „Es ist ein Sommerabend, und die Sonne geht an einem klaren Himmel unter. Es ist noch angenehm warm. Ein ganz leichter Wind weht, und Sie spüren ihn auf Ihrem Gesicht und in Ihrem Haar. Sie schauen sich um und sehen im Mittelgrund einen Fluß. Er ist breit und offensichtlich tief. Seine Oberfläche ist still und glatt, und sein dunkles Wasser scheint sich kaum zu bewegen. Er fließt aus den Hügeln im Osten herab, und Sie können sehen, wie er seinen Weg in breiten Schleifen bis ans Meer am weit entfernten westlichen Horizont nimmt. Sie schauen vom Hügel herunter. Sie sehen, daß zwischen Ihnen und dem Fluß ein breites grünes Feld liegt. Sie machen sich auf, durch das hohe Gras zum Fluß hinabzuwandern. Sie wissen, daß dort am Flußufer jemand auf Sie wartet, der Sie kennt und Ihnen voll und ganz wohl will. Sie kommen näher zum Fluß. Sie können die betreffende Person dort stehen sehen. Das kann jemand sein, den Sie gut kennen, oder es ist jemand Unbekanntes. Sie wissen auch, daß das ein weiser Mensch ist, jemand, der den Fluß kennt und Sie auf der nächsten Etappe Ihrer Reise führen wird. Als Sie sich dieser Person nähern, begrüßt sie Sie und deutet auf ein kleines hölzernes Ruderboot, das in der Nähe am Flußufer vertäut ist. Die Person bietet Ihnen an, Sie ins Boot einsteigen zu lassen. Sie müssen selbst entscheiden, ob Sie das wollen; ob Sie dieser Person Ihr Vertrauen schenken wollen oder nicht; ob Sie in das Boot steigen wollen oder nicht." An diesem Punkt hielt ich inne und beobachtete Bairbre. Sie wirkte, als schlafe sie tief. Hätte sie das getan, dann hätte ich sie so gelassen. Ich fragte sie: „Entscheiden Sie sich dafür, mit dieser weisen Person in das Boot zu steigen?" Ohne sich zu rühren oder ihre Augen zu öffnen, murmelte sie schwach, aber klar: „Ja."

Ich fuhr fort: „Ihr Führer steigt vor Ihnen ins Boot. Er oder sie sitzt auf der mittleren Bank und weist Sie an, sich hinten ins Boot zu setzen. Das tun Sie, und Ihr Führer holt den Strick ins Boot, greift nach den Rudern und bewegt das kleine Boot hinaus in die Mitte des gewaltigen Stroms. Sie wissen, daß Sie bei jemandem sind, der Ihnen ganz und gar wohl will. Sie wissen, daß Sie bei jemandem sind, der sich mit dem Boot und dem Fluß ganz genau auskennt. Sie wissen nicht, wohin Sie das führen wird, aber Sie wissen, daß Sie mit jemandem unterwegs sind, der den Weg dorthin genau kennt. Sie haben alles getan, was Sie selbst tun konnten. An diesem Punkt stehen Sie vor der

Wahl, ob Sie sich diesem Führer anvertrauen und ob Sie sich dem Fluß anvertrauen. Lassen Sie sich von Ihrem Führer auf dem Weg geleiten. Lassen Sie sich vom Fluß tragen. Lassen Sie es zu, daß Sie getragen werden, daß Sie dieser tiefe, schweigsame Fluß trägt, der Sie in den nächsten Abschnitt Ihrer Reise geleitet. Achten Sie genau darauf, spüren, erfahren Sie, wie sich das anfühlt. Lassen Sie diese Erfahrung zu. Lassen Sie es zu, daß Sie getragen werden." Ich wartete ungefähr eine Minute und sagte dann: „Bairbre, wenn Sie wach sind, fangen Sie jetzt an, ins Hier und Jetzt zurückzukommen, und wenn Sie soweit sind, öffnen Sie die Augen, und wir können miteinander darüber sprechen." Die Minuten vergingen, und es wurde klar, daß sie schlief. Ich verabschiedete mich, verließ das Zimmer und gab dem Pflegepersonal die Anweisung, darauf zu achten, daß sie ungefähr eine Stunde lang nicht von Besuchern gestört werde.

Es war Donnerstag, zwei Tage nach unserer ersten Imaginationsübung, als ich Bairbre wieder besuchte. Physisch ging es ihr sehr gut. Aus ihrem Kissenberg heraus wirkte sie allerdings müde und sehr zerbrechlich. Sie schien auch ruhig und friedlich zu sein, und sie erzählte, so habe sie sich auch die letzten Tage über gefühlt. Die Imaginationsübung, sagte sie, sei „erstaunlich" gewesen, und sie könne gar nicht recht glauben, daß etwas so Einfaches eine derart starke Wirkung haben könne.

Bairbre blieb das Wochenende über in dieser Verfassung, aber am darauffolgenden Montagmorgen wachte sie auf und erlitt einen Anfall von Atemlosigkeit und panischer Angst. Sie hatte ungeheure Angst, war erregt und schrie, daß sie sterben wolle. Dann nahm sie den Vorschlag des Ärzte- und Pflegeteams an, ihr ein sedierendes Medikament zu verabreichen, worauf sie in Schlaf versank. Als sie wieder aufwachte, war die Panik vorbei, aber sie sagte, sie fühle sich „verzweifelt". Ich erfuhr das von Joe, als ich am Tag danach auf die Station kam. Er beschrieb das, was Bairbre erlebt habe, als „mentale Angstzustände" und sagte, so habe er sie noch nie erlebt. Offensichtlich war es für ihn schrecklich gewesen, sie in einer solchen Verfassung zu sehen und absolut außerstande zu sein, sie irgendwie zu trösten. Joe und ich gingen gemeinsam zu Bairbre ins Zimmer.

Bairbre war benommen, aber ruhig und begrüßte mich mit den Worten: „Ich sehe keinerlei Sinn mehr darin, so weiterzumachen wie jetzt. Ich habe mich von allen verabschiedet. Ich habe alles getan, was ich irgend tun konnte. Ich möchte, daß jetzt bald alles vorbei ist." Sie beschrieb ihren Zustand so, daß sie das Gefühl habe, ihn nicht im Griff zu haben, und alle Anstrengungen, ihn zu ändern, seien vergeblich. „Das ist für mich eine neue Erfahrung. Ich habe mich noch nie so gefühlt. Und ich fühle mich darin vollkommen allein. Das ist wie in dem Film von dem Jungen, der ohne Immunsystem auf die Welt gekommen ist und deshalb unter einer Glasglocke leben mußte – ich scheine zu allen hinauszuschauen; sie sind da draußen, ich bin hier drinnen, und zwischen uns ist diese unsichtbare Schranke."

Ich rang um Worte für eine Antwort. „Vielleicht", so begann ich, „vielleicht kommt es derzeit nicht darauf an, irgend etwas zu ‚tun'. Unser Leben lang reagieren wir auf Probleme und Schmerzen dadurch, daß wir etwas dagegen tun, indem wir nach etwas suchen, was den betreffenden Zustand aufs Korn nehmen und verbessern hilft. Vielleicht läßt sich der Schmerz, den Sie gegenwärtig empfinden, gar nicht auf diese Weise aufs Korn nehmen. Vielleicht würde die Intensität dieses Schmerzes nachlassen, wenn Sie ihn irgendwie zulassen und dieses Mal akzeptieren könnten, daß Sie keine Antwort darauf haben. Es könnte sein, daß, wenn Sie dieser Erfahrung Raum geben, so unangenehm sie auch sein mag, gerade *sie* dasjenige sein könnte, das Sie weiterbringt." Während ich redete, blickte Bairbre starr geradeaus. Als ich zu Ende war, schaute sie mir in die Augen. Ich konnte nur schwer verstehen, was sie zum Ausdruck brachten. Ich dachte, ich sähe Müdigkeit, Hoffnungslosigkeit und Irritation.

Ich beschloß, noch einen Anlauf zu machen. „Bairbre, erinnern Sie sich an die Imaginationsübung, die wir vor fast einer Woche miteinander gemacht haben?"

„Ja", erwiderte sie, „das war wunderbar, was Sie da für mich getan haben. Im Augenblick kommt mir das Millionen Meilen weit fort vor. Aber das hat sich in meiner Phantasie abgespielt, während das hier real ist."

„Ja, es hat sich Ihrer Phantasie abgespielt, aber trotzdem war es keine Illusion", sagte ich. „Die Phantasielandschaft, durch die ich Sie geführt habe, ist tatsächlich Ihre eigene innere Landschaft. Tief dort unten in den Tiefen Ihrer selbst gibt es tatsächlich diesen Fluß mit seiner stillen Kraft. Ich habe für Sie nichts weiter getan, als Ihnen den Zugang zu diesem Ort in sich selbst zu erschließen. Er gehört Ihnen, und er ist auch heute da, nur sind Sie im Augenblick nicht in Kontakt mit ihm. Meister Eckhart, ein mittelalterlicher Mystiker, hat geschrieben, Gott sei wie ein großer unterirdischer Strom. Diesen unterirdischen Strom gibt es tatsächlich, Bairbre, und zwar tief in Ihrem Inneren. Selbst wenn Sie ihn nicht fühlen können, können Sie sich dafür entscheiden, darauf zu vertrauen, daß er da ist."

Bairbre wandte mir wieder ihr Gesicht zu. Dieses Mal war ihr Ärger offensichtlicher. „Ja, aber da bin ich eben nicht. Ich bin nun einmal keine mittelalterliche Mystikerin. Ich wette, er lag nicht gerade im Sterben, als er diese Worte schrieb."

Da merkte ich, daß ich verzweifelt versuchte, meinerseits das Unmögliche zu tun, nämlich ihren Schmerz aufs Korn zu nehmen. Dazu hatte ich mich zu ihr vorgebeugt. Jetzt setzte ich mich zurück. Ich wußte nicht, was ich sagen sollte. Ich fühlte mich verwirrt.

Bairbre hob langsam den Finger und zeigte auf die Lücke in der hölzernen Paneele an der ihrem Bett gegenüberliegenden Wand. „Ich bin dort", sagte sie und deutete auf die Stelle, wo die Paneele auf einer Seite der Lücke endete. „Sein möchte ich aber dort", fügte sie hinzu und zeigte auf die Stelle, wo die Paneele auf der anderen Seite der Lücke weiterging. „Aber da bin ich nicht."

„Tut mir leid, Bairbre", sagte ich. „Sie haben recht. Ich kann leicht solche Dinge sagen. Ich bin nicht in Ihrer Lage. Ich weiß nicht, wie das ist, wie es sich anfühlt. Worauf es im Augenblick ankommt, ist, daß Sie darin bleiben, wie Sie sind und wie Sie sich fühlen."

Ich wollte mich gerade zum Gehen wenden, zögerte dann aber doch und sagte: „Mit Worten scheint man hier nicht mehr weiterzukommen, Bairbre, aber vielleicht, wenn Sie möchten, könnten wir diesen Besuch mit einer kleinen Imaginationsübung abschließen?" Sie erwiderte, daß sie das gern tun würde. Joe sagte, er wolle solange draußen warten. Dann lenkte ich Bairbre durch die gleiche Abfolge von Phantasiebildern wie beim letzten Mal. Der einzige Unterschied war diesmal die Stelle, an der sie den weisen Führer am Flußufer traf. Ich schlug vor, wenn sie wolle, könne sie eine Zeit lang mit diesem Menschen sprechen. „Sagen Sie ihr oder ihm genau, wie Sie sich in diesem Augenblick fühlen, was Sie wollen, was Sie brauchen, und achten Sie darauf, was Ihnen dieser Mensch erwidert." Als ich zum Ende kam, stellte ich fest, daß Bairbre eingeschlafen war. Ich ließ sie schlafen und ging hinaus, um mit Joe zu reden.

Das nächste Mal besuchte ich Bairbre am folgenden Nachmittag. Sie schien entspannt und irgendwie auf eine stille Art zufrieden zu sein. Ich fragte sie nach der gestrigen Übung. „Ich habe sie nicht so leicht gefunden wie das letzte Mal", sagte sie. „Als ich auf die gegenüberliegende Seite des Flusses kam, konnte ich das Gesicht des weisen Menschen nicht erkennen, aber ich wußte, daß es mein Vater war. Wir hatten ein ziemlich gespanntes Verhältnis zueinander. Die Wahl, vor die ich an diesem Punkt gestellt zu sein schien, war, ob ich ihm glauben könne, daß er mich annehme, wie ich bin, oder nicht. Ich konnte es glauben und bestieg das Boot."

Am nächsten Tag besuchte ich sie wieder. „Heute geht es mir hervorragend", sagte Bairbre. „Genau so habe ich gehofft, daß es sein sollte ... kein Unbehagen ... in Frieden ... keine Angst." Bis jetzt war bei jedem meiner Besuche ein Familienangehöriger von ihr dabeigewesen. Sie hatte das so gewünscht, denn sie sagte, dann fühle sie sich sicherer und habe weniger Angst. Es schien daher bezeichnend zu sein, daß sie diesmal allein in ihrem Zimmer war.

Vier Tage nach dieser Begegnung hatte Bairbre das, was das Pflegeteam als „einen weiteren Panikanfall" beschrieb. Sie war voller Angst und Rastlosigkeit, und es war ihr, als gehe ihr der Atem aus. Einige Angehörige waren zu dieser Zeit bei ihr und versuchten, sie zu trösten, aber ohne Erfolg. Dann riefen sie eine der Schwestern hinzu, die ebenfalls schon vergeblich versucht hatte, Bairbre zu beruhigen, und diese schlug nun vor, ihr eine Spritze zur Entspannung zu verabreichen. Bairbre willigte ein, erhielt eine Beruhigungsspritze und versank bald in tiefen Schlaf.

Später an diesem Nachmittag besuchte ich Bairbre wieder. Sie schlief immer noch, wachte aber auf, als ich ihren Namen rief. „Ich spürte eine schreckliche Angst", murmelte sie schläfrig, „Ich weiß nicht, wovor. Ich habe das Gefühl, total versagt zu haben. Ich gebe mir nicht genügend Mühe und ... ich lasse Sie abblitzen." Ihre letzte Bemerkung erschreckte mich, aber ich erkannte, daß sie zumindest teilweise stimmte. Als mir die Schwestern von ihrem Panikanfall berichtet hatten, hatte ich spontan Enttäuschung empfunden. Ich erkannte jetzt, daß ich nicht nur um Bairbres willen enttäuscht gewesen war, sondern auch deshalb, weil ihr Anfall nicht in „meine Pläne", wie ihr Sterben vonstatten gehen sollte, paßte.

Ich wußte nicht, was ich als Antwort darauf sagen sollte. Zudem war ich mir der Tatsache bewußt, daß ich nicht viel Zeit hatte und sie bald wieder verlassen mußte. „Bairbre, es ist ganz in Ordnung, wenn Sie diese Gefühle haben. Damit will ich nicht sagen, sie seien leicht oder angenehm. Das sind sie nicht. Es ist schwer, ja schrecklich. Das gehört zu dem, was Sie durchmachen, und das gehört zu Ihrem Menschsein. Damit ist nicht gesagt, daß Sie sich nicht alle Mühe geben. Es heißt einfach, daß auch Sie nur ein Mensch sind. Und Sie lassen mich nicht abblitzen. Es tut mir leid, wenn ich Ihnen dieses Gefühl vermittelt habe. Es geht nicht darum, keine Angst vor dem Tod zu haben. Es geht darum, daß Sie mit Ihrer Angst leben und es zulassen, daß Sie von anderen alle erdenkliche Hilfe annehmen, die Sie von ihnen brauchen. Heute hat das bedeutet, daß Sie es sich genehmigt haben, eine Spritze zu bekommen. Wenn das einem Menschen passiert wäre, der Ihnen ganz nahe steht, jemandem, den Sie von Herzen lieben – hätten Sie von diesem

Menschen verlangt, er solle eine derartige Erfahrung ohne Angst durchmachen, und ohne irgendeine ihm angebotene Hilfe anzunehmen? Vielleicht gibt es da auch einen Teil von Ihnen, der über Ihr Verhalten in dieser Situation urteilt, einen Teil, der unerreichbar hohe Maßstäbe setzt und überkritisch Ihnen gegenüber ist? Vielleicht müssen Sie diesem Teil Ihrer selbst sagen, er solle den Mund halten. Hier liegt Bairbre, die fünfzigjährige Frau im Bett, und direkt neben ihr liegt das kleine Mädchen Bairbre, und dieses kleine Mädchen hat Angst vor der Dunkelheit. Man muß es ganz fest in den Arm nehmen und ihm sagen, daß es gar nichts ausmacht, wenn es Angst hat." Sie hörte sich das alles mit schweren Augenlidern, aber aufmerksam an. Bevor ich mich verabschiedete, kamen wir überein, daß zu ihren übrigen regelmäßigen Medikamenten ein leichtes Beruhigungsmittel hinzugefügt wurde.

In dieser Nacht bekam Bairbre heftiges Nasenbluten. Zu diesem Zeitpunkt hatte sie Gelbsucht bekommen, was ihre Neigung zu Blutungen steigerte, und einmal war die Blutung so stark, daß die Nachtschwester schon meinte, sie werde sterben, und ihre Angehörigen herbeirief. Sie starb jedoch nicht, und die Medikamente, die ihr verabreicht wurden, hatten eine Trübung des Gedächtnisses zur Folge, so daß sie sich kaum mehr an etwas erinnerte, als sie am folgenden Morgen aufwachte. Ich suchte sie an diesem Nachmittag auf. Joe war gerade bei ihr. Sie wirkte bleich und schwach, war jedoch still und aufmerksam. Als ich sie fragte, wie sie sich fühle, erwiderte Bairbre: „Ich habe Heimweh." Als ich ihr Zimmer verließ, stieß ich auf ihre Mutter, die gerade hereinkommen wollte. Sie ging mit mir auf dem Flur auf und ab, und ich erzählte ihr, in welchem Zustand ich Bairbre vorgefunden hätte, und wie sie mir geschildert habe, wie sie sich fühle. Sie unterschied zwischen dem „stillen Heimweh", das sie jetzt beherrschte, und den schmerzlichen Gefühlen der Trauer, die sie bis vor kurzem empfunden hatte. Als ich das Krankenhaus verließ, kam mir das Wort „gefällig" in den Sinn, aber mir war unklar, wessen Gefühle dieses Wort beschrieb.

Es vergingen zwei Tage, bis ich Bairbre wieder sah. Diese Tage waren für sie ohne besondere Zwischenfälle verlaufen, und das

Personal sagte mir, sie sei still und zufrieden gewesen. Als ich ihr Zimmer betrat, fand ich sie in ihre Kissen versunken; sie wirkte entspannt, aber erschöpft. Tatsächlich war sie so müde, daß ihr Gesicht zum ersten Mal keinerlei Gefühl verriet, und es schien sie große Mühe zu kosten, mir ihren Kopf zuzuwenden und mit mir zu sprechen. Ihre Schwester Louise, ihre beste Freundin und Verbündete, saß auf der anderen Seite des Betts. Sie hielt Bairbres Hand und griff das Gespräch wieder auf, in dem sie gerade begriffen gewesen waren. „Ich habe ihr gesagt, sie könne jetzt alles loslassen", sagte sie. „Sie hat allen so viel Liebe geschenkt, sie hat alles getan, was sie tun wollte und mußte. Gestern hat sie zu mir gesagt, sie wünsche, daß jetzt alles vorüber sei. Ich habe zu ihr gesagt, das sei genau das richtige Gefühl, und ich habe ihr zugeredet, sich doch den dummen ‚Gin Tonic' zusätzlicher Medikamente zu gönnen, wenn sie einige Stunden zum Abschalten brauche."

Als Louise mit Reden aufgehört hatte, wandte sich Bairbre, die ihre Schwester angeschaut hatte, langsam in meine Richtung. „Warum auch nicht?" stimmte ich zu. „Eine Frau in den Wehen tut das Wesentliche selbst, aber die Hilfe einer geschickten Hebamme ist gelegentlich nicht zu verachten. Es wird nicht mehr lange dauern, Bairbre." Sie seufzte, als sie die Augen schloß. „Adieu für jetzt", sagte ich. Sie schlug die Augen auf und sagte: „Behüt' Sie Gott." „Gott behüte auch Sie", erwiderte ich. Als ich sie verließ, spürte ich, daß das Ende sehr nahe war. Ich entsinne mich auch des Gefühls, daß ich jetzt die Szene verlassen sollte. Es war, als hätte ich Bairbre auf ihrem Weg so weit wie möglich begleitet. Jetzt war es für mich an der Zeit, sie selbständig weitergehen zu lassen. Später an diesem Tag glitt Bairbre in ein Koma. Ihre Familie blieb die ganze Nacht über bei ihr. Sie starb in den frühen Morgenstunden. Es war der 1. Februar, der erste Frühlingstag.

Bei meiner ersten Begegnung mit Bairbre hatte ich sie für eine tapfere Frau, gehalten, die unter sehr schwierigen Umständen anscheinend bemerkenswert gut zurechtkam. Mir erschien sie als eine Frau, die wußte, daß sie schon bald sterben müsse, und die entschlossen schien, in der ihr noch verbleibenden Zeit alles zu tun, um sich und ihre Familie auf das vorzubereiten, was kommen sollte.

Anfangs hatte meine Übereinkunft mit Bairbre, in den oben erklärten Begriffen gesprochen, darin bestanden, mit ihr zusammen als Arzt/Held auf der Oberflächenebene ihrer Schmerzen zusammenzuarbeiten. Das hatte auch der Arztkollege von mir erwartet, der sie an mich überwiesen hatte, und ebenso war das die Erwartung ihrer Angehörigen sowie Bairbres eigene Erwartung gewesen. Dank der schmerzlindernden Behandlung, die ich begann, konnte ich auch die meisten dieser Erwartungen erfüllen. Für die Mehrheit der Menschen, mit denen ich zu tun habe, hört mein Beitrag zu ihrer Versorgung gewöhnlich an diesem Punkt auf. Ich besuche sie dann weiterhin von Zeit zu Zeit, um mich davon zu überzeugen, daß es ihnen physisch gut geht, und um mit ihnen oder ihren Angehörigen über ihre Sorgen und Nöte zu sprechen. Über diese Oberflächenebene hinaus gehe ich gewöhnlich nicht, sondern ich vertraue darauf, daß eine gute Schmerztherapie und die Zeit das übrige tun würden. Doch Bairbre sagte mir, daß sie mehr als das wolle.

Als Akademikerin und Intellektuelle deutete Bairbre ihren Wunsch, das, was sie durchlebte, besser kennenzulernen, als Bedürfnis nach Information und rationalem Verstehen des Sterbeprozesses. Sie kleidete das gegen Ende unserer dritten Begegnung in die Frage, welche Bücher sie lesen solle, um sich gut über alles zu informieren und sich auf das vorzubereiten, was sie erwartete. Aus ihrem Wunsch, mehr über das Sterben und den Tod zu erfahren, spürte ich eine Sehnsucht nach Tiefe heraus, und ich hatte das Gefühl, daß sie in dieser Hinsicht um Hilfe bitte. Als ich ihr die Imaginationsübungen vorschlug, hoffte ich, das werde sie in die Lage versetzen – sofern sie das wolle –, sich von ihrer Oberflächenebene fortzubewegen und sich auf den Weg des Abstiegs zu begeben. Denn auf der Oberfläche konnte der Verstand allein ihr nicht das geben, was sie brauchte; in der Tiefe dagegen ließ sich das, was sie durchlebte, nicht mehr nur als Gedanke, sondern eher als Gefühl und Intuition erfahren.

Bei der Übung des Hinabgehens an den Fluß, die ich mit Bairbre unternommen hatte, handelt es sich um eine vorwiegend gelenkte Übung. Der Vorteil einer gelenkten Imaginationsübung bestand in Bairbres Fall darin, daß ich mit ihr, die zum ersten Mal Imaginationsübungen machte, auf eine Weise in eine bestimmte Richtung führen konnte, bei der sie sich sicher fühlte. In den Begriffen des Chiron-Mythos gesprochen heißt das: Die Richtung, in die ich sie führen wollte, wies in die untere Hälfte ihrer Erfahrung und in die Unterwelt ihrer Phantasie. Mit dem psychologischen Modell gesprochen, bedeutete das eine Hinbewegung zu ihrem Tiefen-Geist und zum untergründigen Strom ihres Tiefenzentrums oder wesentlichen Selbst. In diese Übung waren Elemente eingebaut, die ihr kreatives Phantasievermögen weckten und sie vor eine Entscheidung stellten, die nur sie allein treffen konnte. Es lag an ihr, ob sie sich den weisen Führer vorstellen wollte, der am Flußufer auf sie wartete, und zu entscheiden, ob sie sich diesem Führer anvertrauen und Schritte in die nächste Etappe ihrer Reise hinein wagen wollte.

Bairbres eigene Formulierung, mit der sie diese Anfangsübung im Imaginieren beschrieb, lautete „erstaunlich". Sie staunte darüber, wie nachhaltig eine solche scheinbar ganz einfache Übung wirken konnte, und sie fühlte sich in den darauffolgenden Tagen still und in Frieden. Ihre Beschreibung gleicht derjenigen vieler anderer Menschen, die erfahren, wie das aktive Imaginieren in diesem Abschnitt ihres Lebens auf sie wirkt. Es ist, als seien die Tiefen dieser Menschen bereit und warteten nur darauf, daß diese einen kleinen Schritt in ihre Richtung machen. Bairbres Entscheidung, mit ihrem weisen Führer in das Boot zu steigen, stellte ihre bewußte Bereitschaft dar, der Tiefe zu vertrauen. Ihr nachfolgendes Gefühl der Ruhe und des Friedens war die seelenvolle Erfahrung eines Menschen, der von seinem Tiefen- oder wesentlichen Selbst getragen wird.

Was Bairbre als Ergebnis der Imaginationsübung und ihrer anderen eigenen psychologischen Übungen erfuhr, gleicht dem, was sich als weit langsamerer, sich oft über etliche Jahre hin-

ziehender Prozeß bei jemandem vollzieht, der eine psycho-
analytische Psychotherapie macht. Dabei bewegt sich jemand
langsam und oft schmerzlich vom Oberflächen-Geist und einer
auf das Ich gegründeten Existenz weg, hin zu einem Dasein im
Tiefen-Geist, das auf dem Selbst gründet. Das scheint die Beobachtung des Tiefenpsychologen Edward Edinger zu bestätigen, daß sich bei Menschen, die dem Tod nahe sind, der Indi-
viduationsprozeß beschleunigen kann, und daß sich „seitens
des Unbewußten die Dringlichkeit anmeldet, das Bewußtsein
einer metaphysischen Wahrheit zu vermitteln, so als sei es
wichtig, ein solches Bewußtsein noch zu bekommen, ehe man
physisch stirbt". Wenn man sagt, dieser Prozeß lasse sich bei
Menschen, die kurz vor dem Tod stehen, irgendwie beschleunigen oder abkürzen, muß das nicht heißen, daß das leicht oder
direkt geht. Es ist eher so, daß sich der betreffende Mensch in
einer Art Spirale im Kreis bewegt, wobei jede Biegung und
Kurve der Spirale zunehmend etwas mehr von dem erfaßt, was
dieser Mensch wirklich ist.

Bairbre schien diesen Punkt geradezu zu bestätigen, als sie
knapp eine Woche nach der ersten Imaginationsübung, die
sehr positive Wirkungen zeitigte, eine Panikattacke erlebte, die
sie mit mehr Angst und Entsetzen zurückließ, als sie je zuvor
gekannt hatte. Dies schien der extreme Gegenpol jenes Wohl-
befindens zu sein, das sie in den Tagen zuvor verspürt hatte,
und es schien ihre schlimmsten Ängste zu bestätigen, was für
schreckliche Dinge im Sterben auf sie zukämen. Was war geschehen? Es ließe sich so erklären, daß ihr Ich das Sich-Einlas-
sen auf die Tiefe, das den Kern der Imaginationsübung ausmacht, als Loslassen des „letzten Strohhalms" empfand. Wenn
ihr Bewußtsein daraufhin von blankem Entsetzen und schierer
Panik überschwemmt wurde, ließe sich das als der verzweifelte
Ausdruck ihres zunehmend bedrohten Ichs verstehen, das dagegen rebellierte, ganz die Kontrolle zu verlieren. Bairbre hatte
sich zwar schon intellektuell mit ihrem Sterben beschäftigt und
im Rahmen ihrer Trauer bestimmte Gefühle erfahren, aber es
gab da noch andere Gefühle, wie Zorn, Angst vor dem Unbekannten und Hoffnungslosigkeit, die bis dahin tief vergraben

und von ihrer bewußten Wahrnehmung abgespalten gewesen waren.

Dieser Vorfall offenbarte auch, von wie begrenzter Wirkung die Übungen gewesen waren, die ich mit Bairbre gemacht hatte. Angetrieben vom Wunsch, sie möge die heilende Kraft der Tiefe erfahren, war ich zu hastig vorgegangen und hatte es versäumt, ihr genügend Raum für Gefühle zu lassen. Das war ein deutlicher Hinweis sowohl auf meine Ungeduld als auch auf meine eigenen Schwierigkeiten mit „unangenehmen" Emotionen, und es führte mittelfristig zum Gegenteil der Wirkung, die ich eigentlich für sie beabsichtigt hatte. Ja, es fügte ihren Leiden eine neue Dimension hinzu, indem es ihr das Gefühl gab, sie selbst „versage", und gleichzeitig „versage" auch ich, indem ich auf eine derart unmenschliche Weise reagiere.

Wenn man auf diese tiefe, die Phantasie aktivierende Weise arbeitet, gibt man die Rolle des Helden auf, der sich um ein Opfer kümmert, wie man sie im Rahmen des medizinischen Modells spielt. Statt dessen übernimmt man die Rolle des verwundeten Heilers; die Folge davon ist, daß sich die betreffenden Menschen in einer solchen Beziehung primär als zwei Menschenwesen begegnen, die beide am äußersten Rand des ihnen Bekannten stehen und gemeinsam suchen, wie es weitergeht. Das ist nicht ohne Risiken. Einer der Vorteile der alten, hierarchisch gegliederten Beziehung bestand darin, daß die Grenzen, die die Profession zog, scharf und zugleich starr waren. Es war klar, wer der Patient und wer der Arzt war, und es war eindeutig, wer das Problem hatte und wer die Antwort wußte. Bei der Beziehung, auf die sich der verwundete Heiler einläßt, ist das nicht mehr so klar. In Bairbres Geschichte wurde an diesem Punkt die Verwischung der Grenzen offensichtlich, denn da vermischten sich ihre und meine Geschichte. Die Bestätigung, daß das tatsächlich so war, kam in Form ihrer Entschuldigung, daß sie mich enttäusche, weil sie diesen Panikanfall gehabt habe, sowie in Form meiner tatsächlich empfundenen Enttäuschung, die ich ihr gegenüber in Abrede stellte. Eine solche Situation barg einige Gefahr und hätte zu schädlichen Folgen führen können. Glücklicherweise war es mir möglich, das Geschehene in meiner ständigen psychotherapeutischen Supervision zur Sprache bringen zu können. Das half mir erkennen, was vor sich ging, und ich konnte die Grenzen zwischen Bairbres Erfahrung und der meinigen wieder klar abstecken. Somit konnte ich mit größerer Klarheit in unsere nächsten Begegnungen gehen und Bairbre dabei mehr psychologischen Spielraum lassen.

Als Bairbres Panik die meinige auslöste, wurden meine verbalen Bemühungen, ihr Erleichterung zu verschaffen, zum groben Versuch, um unserer beider willen den Schmerz zu lindern. Ihr Antwort auf mein Meister-Eckhart-Zitat war die Ohrfeige, die ich brauchte. Ich hatte gerade mit dem begonnen, was ich als einen der schlimmsten beruflichen Verstöße in diesem Arbeitsbereich betrachte: mit der Evangelisierung am Sterbebett. Ich drängte Bairbre „meine" Antworten auf Fragen auf, die nur sie allein beantworten konnte. Ihre Entgegnung „Ich bin nun einmal keine mittelalterliche Mystikerin" holte mich von der schwindelnden Höhe der erhabenen Theorie wieder auf den Boden der Konfrontation mit den Gefühlen einer Frau aus Fleisch und Blut.

Vielleicht wäre es zu diesem Zeitpunkt das Beste gewesen, ich hätte mich entschuldigt und wäre gegangen. Ich wußte, daß weitere Worte nicht die Antwort bringen konnten, und trotzdem zögerte ich, mich aus einer derart unvollendeten Situation wie dieser einfach zurückzuziehen. Auf wessen Schmerz reagierte ich eigentlich? Wenn ich sage, daß es mir darum ging, die Verletzung meines eigenen angeschlagenen und frustrierten Ich zu mildern, stimmt das zumindest zum Teil. Ich glaubte damals jedoch auch, daß es unterhalb von Bairbres Leiden und jenseits aller Worte, die wir austauschen konnten, in ihr einen Ort tiefen inneren Trostes gab. Ich wollte ihr helfen, sich auf diesen Ort hinzubewegen, weil sie diese Bewegung offensichtlich nicht von sich aus zu vollziehen vermochte. Daß auch sie das wollte, zeigte ihre begeisterte Zustimmung zu meinem Vorschlag, unser Treffen mit einer weiteren Imaginationsübung abzuschließen, ganz deutlich. Trotz meiner zu diesem Zeitpunkt bestehenden Vorbehalte bestätigte mir ihre Rückmeldung bei unserer nächsten Begegnung – „Heute geht es mir hervorragend" –, daß diese Maßnahme sinnvoll gewesen war.

Auch wenn Bairbre dann einige Tage danach wieder einen Panikanfall hatte, strafte diese Rückkehr zu angstvollem Kämpfen nicht die Annahme Lügen, daß sie tatsächlich innerlich abgestiegen war. Eher führte es anschaulich vor Augen, daß die Bewegung durch die verschiedenen Abschnitte des Chiron-Prozesses weder geradlinig noch in einem Zug verläuft. Es kann sein, daß jemand den Abstieg nicht ein für alle Mal, sondern bei einer ganzen Anzahl von Gelegenheiten machen muß. Die alte, vom Ich dominierte Lebenssicht ist zäh, und sie behauptet sich mit umso größerer Wahrscheinlichkeit dann, wenn sie spürt, daß ihre Vorherrschaft vom nahenden Tod oder von der Einübung ins Sterben bedroht wird, wie sie das Arbeiten mit inneren Bildern darstellt. Es ist damit umso eher zu rechnen, wenn es auf der Oberflächen-Ebene noch bestimmte Aufgaben zu erfüllen gibt. In Bairbres Fall gehörte dazu, daß sie noch bestimmte Gefühle zulassen mußte, die sie bislang unterdrückt hatte, und daß sie ihre Aufgabe zu Ende führen mußte, sich von allen ihren Lieben zu verabschieden.

Dank meiner ständigen psychotherapeutischen Supervision war ich in der Lage, in den späteren Stadien unserer Zusammenarbeit Bairbres Angst gegenüber eine andere Haltung einzunehmen. Hatte zuvor ihr eigenes Versagensgefühl mein Gefühl der Enttäuschung genährt, so fand ich mich jetzt in der Lage, ihr zu versichern, es gehe nicht darum, ohne Angst zu sterben, sondern darum, daß wir beide unseren je eigenen Weg finden mußten, mit der Angst und anderen schmerzlichen Gefühlen, die unvermeidlich zu unserem Sterben gehören, zu leben. Für Bairbre gehörte dazu auch, daß sie einwilligte, gelegentlich ein Beruhigungsmittel einzunehmen, wenn sie das Gefühl hatte, es zu brauchen. Als sie es fertigbrachte, diese Art Hilfe in Anspruch zu nehmen, hatte das eine Dämpfung ihrer und meiner Erwartungen zur Folge, die bislang unerreichbar hoch gesteckt gewesen waren, und folglich konnte sie ihr Menschsein besser annehmen.

Am Tag nach ihrem starken Nasenbluten war Bairbre merklich schwächer geworden, schien jedoch in Frieden zu sein. Ihre eigene Beschreibung, wie sie sich zu diesem Zeitpunkt fühlte – „Ich habe Heimweh" – ist bemerkenswert. Als ihr Mann die Ansicht äußerte, sie wolle vielleicht damit sagen, daß sie sich nach ihrem Haus in Kerry sehne, war aus Bairbres Reaktion offensichtlich, daß sie das ganz und gar nicht meinte. Dagegen schien die Deutung ihrer Mutter das fehlende Puzzleteil zu liefern. Sie sagte nämlich, vielleicht spreche ihre Tochter nicht nur von Gefühlen der Trauer um das, was sie hinter sich lasse, sondern beschreibe bereits eine Sehnsucht nach mehr, dessen Vorgeschmack sie zu spüren beginne, und wovon sie ahne, daß es sie erwarte.

(Genau ein Jahr nach Bairbres Tod erhielt ich einen Brief von Bairbres Schwester Louise. Ich zitiere mit ihrer Erlaubnis den folgenden Abschnitt aus diesem Brief. „Bairbres Krankheit, Sterben und Tod gehören zu den wichtigsten Dingen, die ich je erlebt habe. Obwohl ich immer noch um sie traure, blicke ich doch auf ihre letzten Lebensmonate zurück als auf eine Zeit, in der wir beide unglaublich gereift sind. Sie sagte mir, ich hätte ihr die Erlaubnis gegeben, daß sie jetzt sterben dürfe, und ich weiß, daß ich ihr tatsächlich helfen konnte, gut zu sterben – so, wie sie es sich gewünscht hatte. Sie ihrerseits schenkte mir die Erfahrung eines Austauschs von Seele zu Seele, auf einer Ebene, die mir immer kostbar bleiben wird.")

„Es ist nicht alles in Ordnung": Annes Geschichte

Unter dem Eindruck dessen, was ich über Anne bereits gehört hatte, erwartete ich, einem sehr schwer kranken Menschen zu begegnen. Als ich das Sprechzimmer der Krebsabteilung betrat, stand statt dessen zu meiner Überraschung eine sehr hübsche junge Frau vor mir, die gesund und wohlauf wirkte. Wir setzten uns, und sie begann mir zu berichten, daß sie an diesem Nach-

mittag schon in ambulanter onkologischer Behandlung gewesen sei. Bei ihrem letzten Besuch vor einer Woche hatte man
ihr gesagt, daß trotz der Bestrahlungs- und Chemotherapie, der
sie nach ihrer Brustkrebs-Operation vor ungefähr zwölf Monaten unterzogen worden war, der Krebs wieder aufgetreten sei
und jetzt gleichzeitig ihre beiden Lungenflügel, ihre Leber und
ihre Knochen befallen habe. Man hatte ihr weitere Chemotherapie angeboten, und sie hatte sich eine Woche Bedenkzeit er-
beten. Da ihr Onkologe ihr nicht versprechen konnte, daß die
Chemotherapie anschlagen werde und die vorhergegangenen
Chemotherapien zahlreiche Nebenwirkungen gehabt hatten,
war Anne zu dem Schluß gekommen, sich nicht mehr auf weitere aktive Behandlungen einzulassen. „Worauf es mir jetzt ankommt, ist, die Zeit, die mir noch bleibt – mag sie lang oder
kurz sein –, möglichst sinnvoll zu leben", sagte sie. „Ja, ich bin
entschlossen, noch so viel Zeit wie möglich herauszuschlagen,
denn ich möchte noch so viel tun – für mich selbst und für
meine Kinder; und ich möchte, daß diese Zeit noch so sinnvoll
wie möglich für mich ist. Daher bin ich an einigen Begleit-
therapien interessiert, wie Imaginationsübungen und Massage,
und ich hoffe, auch die Schmerztherapie kann mir einigermaßen helfen."

Ich erläuterte Anne, was ihr die Schmerztherapie bieten
könne, wobei ich hervorhob, dabei gehe es vor allem um ihre
Lebensqualität. Ich erklärte ihr, daß wir zwar ebenfalls im Rahmen des orthodoxen medizinischen Systems arbeiteten, jedoch
auch für ergänzende Methoden zugänglich seien, und daß ich
ein besonderes Interesse für das Arbeiten mit Visualisierungsübungen hätte. Ich fügte hinzu, daß ich sehr gern künftig mit
ihr auf diese Weise arbeiten würde, wenn sie das wünsche. So-
dann fragte ich sie, ob es irgendeinen speziellen Problem-
bereich gebe, in dem ich ihr vielleicht helfen könne. Anne erwiderte, körperlich habe sie kaum Probleme, und wenn sie
nicht gelegentlich erlebt hätte, daß sie außer Atem komme,
wenn sie sich zu sehr beeile oder sich zu sehr anstrenge, würde
sie gar nicht merken, daß etwas mit ihr nicht stimme. Sie sagte,
daß sie weiterhin ihrer Arbeit in der Verwaltung eines Unter-

nehmens nachgehe, und sie fügte hinzu: „Und im übrigen ist es ein weiterer Full-time-Job seine Kinder allein zu erziehen."

Anne erzählte mir, sie und ihr Mann hätten sich vor etlichen Jahren getrennt. Es war spürbar, daß sie zwar den Trennungsprozeß schon vor einiger Zeit durchgemacht hatte, aber immer noch ziemlich darunter litt. Sie äußerte ihre Besorgnis darüber, wie die Trennung ihre drei Jungen in Mitleidenschaft gezogen habe; denn sie hätten diese Zeit als sehr dramatisch erlebt und psychologische Betreuung gebraucht, um darüber hinwegzukommen. Sie sagte, daß sie jede erdenkliche Hilfe für sie in Anspruch nehmen und auf jeden Fall für ihre Zukunft vorsorgen wolle. Wir beschlossen diese erste Begegnung mit der Erörterung der Frage, ob ich – vorausgesetzt, ihr Hausarzt sei einverstanden – den Heimpflegedienst unserer Schmerztherapie-Abteilung beauftragen sollte, sie zu betreuen, wobei ich ihr erläuterte, daß diese Betreuer sie auch beim Auftreten irgendwelcher körperlicher Probleme beraten würden. Außerdem ließe sich vielleicht sogar der Sozialarbeiter des Teams einschalten, um ihr bei einigen familiären Problemen beizustehen.

Es vergingen drei Monate, bis ich Anne das nächste Mal wiedersah. Sie war wieder ins Krankenhaus eingewiesen worden, weil sie extreme Atemnot bekommen hatte. Eine Röntgenuntersuchung ergab, daß sich Flüssigkeit um ihre beiden Lungenflügel angesammelt hatte. Das medizinische Team hatte ihr eine Sonde gelegt, um diese Flüssigkeit abzuleiten, in der Hoffnung, das werde ihre Atemnot beheben. Als ich ihr Krankenzimmer betrat, erkannte ich nur mit Mühe den Menschen wieder, dem ich beim ersten Mal begegnet war. Sie lag schlafend auf ihre Kissen gekrümmt da, und eine Sauerstoffmaske zischte über ihrem Gesicht. Ihr Atem ging unregelmäßig und hastig. Ich zog einen Stuhl an ihr Bett, und mir kam der Gedanke, sie sehe aus wie jemand, der bereits zu sterben begonnen habe. Als ich sie bei ihrem Namen rief, schlug sie die Augen auf und lächelte schwach. Zwischen ihren mühsamen Atemzügen sagte sie, sie spüre, daß sie sterbe und daß sie keine Angst davor habe. Sie war offensichtlich erschöpft, und so ermutigte ich sie, sich in ihre Müdigkeit und ihre Kis-

sen sinken zu lassen, und ich versprach, bald wieder vorbeizu-
kommen.

Zwei Tage danach besuchte ich Anne wieder. Man hatte mir
gesagt, ihr Zustand habe sich dramatisch gebessert, seit die
Flüssigkeit aus ihrer Brust abgeführt worden sei; und tatsächlich fand ich sie in wesentlich besserem Zustand vor. Sie saß
aufrecht im Bett und wirkte dünn, müde und bleich, aber sie
strahlte, und ihr Atem ging leicht. Sie schien sich nicht mehr
an viele Einzelheiten ihrer Einweisung ins Krankenhaus zu erinnern und daran, wie extrem krank sie gewesen war. Sie sagte
mir, sie fühle sich unwohl, weil ihr die Kanülen zur Entwäs-
serung ihrer Brust Schmerzen bereiteten; außerdem habe sie
akute Verstopfung. Doch was ihr sehr viel mehr zuzusetzen
schien, war die Tatsache, daß sie „Alpträume" hatte, in denen
verschiedene ihrer Familienangehörigen Krebs hatten, sie jedoch nicht, was ihr das Gefühl gab, „isoliert, allein und unfähig zur Kommunikation" zu sein. Sie sagte, daß sie auf „inneren Frieden" hoffe, daß sie davon aber noch weit entfernt
zu sein scheine. Ich erwiderte, man könne seine Träume unter
anderem so sehen, daß sie Botschaften unseres unbewußten
Geistes seien, der zutiefst unser Freund und Verbündeter sei.
Und ich gab ihr zu bedenken: „Selbst wenn das nur schwer
verständlich erscheint, sind diese unangenehmen Träume vielleicht notwendig gewesen, um Ihnen zu helfen, bis an diesen Ort des Friedens zu gelangen." Dann besprachen wir, was
sich zur Linderung ihrer körperlichen Schmerzen tun lasse,
und sie sagte, sie nehme gern die Medikation an, die ich ihr
vorschlage.

Bei meinem nächsten Besuch bei Anne ging es ihr zwar körperlich wesentlich besser, aber sie sagte, daß sie sich innerlich
immer noch sehr „verwirrt" fühle. Sie mache sich Sorgen um
ihre Kinder, und sie habe beschlossen, in ihrem jetzigen Zustand sollten sie sie nicht sehen. „Und ich habe Angst", sagte
sie. „Ich habe Angst davor, ohne Frieden mit mir selbst zu sterben." Ich brachte die Sprache auf das Arbeiten mit inneren Bildern und erläuterte ihr, auf welche Weise ihr das vielleicht helfen könnte. Dann schlug ich vor, jetzt gleich mit ihr eine erste

Übung dieser Art zu machen, wenn sie mitmachen wolle. Sie sagte, daß sie sich gern auf einen Versuch einlasse.

Ich begann damit, Anne aufzufordern, die Augen zu schließen und ihr zu helfen, sich zu entspannen. Dann lud ich sie ein, sich einen Lieblingsort vorzustellen, einen Platz, den sie gut kenne und an den sie viele glückliche Erinnerungen habe. „Ich sehe mein Elternhaus, wo ich als Kind gewohnt habe. Wenn ich es vor Augen habe, kommt mir ein Gefühl des Fröhlichseins, des Miteinanderseins, des Lachens, der Wärme", sagte Anne. Dann lud ich sie ein, wenn sie wolle, jetzt dieses Haus zu betreten, im Wissen, daß da drinnen jemand auf sie warte, ein weiser und liebevoller Mensch, jemand, der oder die ihre Lebensgeschichte kenne und ihr helfen wolle. Nach einer kurzen Pause äußerte Anne: „Das ist meine Mutter, und sie sagt zu mir: 'Wie immer die Lage ist und was auch passieren mag, es wird schon alles recht.'"

„Und wie denken Sie darüber?" fragte ich sie.

„Irgendwie weiß ich, daß das stimmt, aber ich möchte noch länger leben, für meine Jungen, für mich", erwiderte Anne. „Meine Mutter sagt, daß auch sie mir das wünsche und daß sie mir das geben würde, wenn sie nur könnte. Sie sagt, wenn sie könnte, würde sie mit mir den Platz tauschen."

Anne beschrieb, wie ihre Mutter am Boden zerstört gewesen war, als sie erfuhr, daß der Krebs erneut diagnostiziert worden sei. Dann erzählte sie mir von ihrem jüngsten Bruder Francis, bei dem man mit achtzehn Jahren Schizophrenie diagnostiziert habe, und wie er und die ganze Familie sehr darunter gelitten hätten. Er sei erst vierundzwanzig gewesen, als man ihn tot aus dem Meer gefischt habe. „Das war für meine Mutter auch ein schwerer Schlag", meinte sie. Vor dem Gehen sagte ich zu Anne, was sie gerade zustande gebracht habe, sei meiner Ansicht nach sehr wertvoll. Im übrigen sei bislang wohl das energische Kämpfen die beste Methode gewesen, sich gegen das zu wehren, was sich mit ihr abspiele; von jetzt an sei es aber wohl der hilfreichere Weg, „mit dem Strom zu schwimmen" und sich ihrem Körper und sogar ihren „Tiefschlägen" anzuvertrauen.

Einige Tage später schaute ich wieder bei Anne vorbei. Sie wirkte ruhig, und ich merkte, daß ihr Gesicht leicht gerötet war. Als ich sie nach ihrem Befinden fragte, kam sie auf die Imaginationsübung zu sprechen, und wie sie sich seit damals fühlte. „Davor hatte ich mich schrecklich gefühlt, aber an diesem Abend fühlte ich mich anders. Ich spürte von innen her ein Gefühl der Wärme, der Hitze. Ich fragte mich, ob ich das irgend einer Begebenheit oder einer Person verdankte, aber dann ging mir plötzlich auf, daß dies Gott war, und ich empfand, wieviel Liebe mich umgab, wie sehr ich geliebt werde, und zwar von Gott, der die Liebe ist. Mich erfüllte ganz tief das Gefühl, daß, was immer auch geschehen mag, ‚schon alles recht werden' wird, und ich wußte, daß dies die Stimme desjenigen Teils meiner selbst war, der weiterleben wird."

Anne erzählte mir dann, daß ihre Mutter an diesem Nachmittag ihre Söhne zu Besuch mitgebracht habe, und daß alles sehr gut gegangen sei. Ihr jüngster Sohn habe ihr gesagt, wie sehr er sie liebe. Ich gab ihr zu bedenken, wie viel sie doch offensichtlich vielen Menschen bedeute und äußerte die Ansicht, daß diese Zeit trotz aller Schwierigkeiten auch eine Zeit der Heilung für ihre Familie werden könne. Sie erwiderte, daß sie immer noch hoffe, „wenigstens noch etliche Monate" leben zu dürfen.

Wenig später fragte Anne einen ihrer Ärzte, ob das Ableiten des Wassers aus ihrer Brust vom medizinischen Standpunkt aus ein Erfolg gewesen sei. Obwohl Anne sich ihrer Lage voll bewußt war, bedeutete es für sie doch einen Rückschlag, als der Arzt seine Antwort in die Form der Frage kleidete: „Haben Sie schon einmal überlegt, ob Sie sich ins Hospiz überweisen lassen möchten?" Sie erzählte mir von diesem Vorfall, als ich sie später an diesem Tag besuchte. Anfangs sprach sie zwar von ihrem Schock und Zorn über das, was sie als Taktlosigkeit des Arztes empfand, aber später konnten wir doch in Ruhe erörtern, welche Vorteile das Hospiz eventuell ihr und ihrer Familie bieten könnte. Anne hörte sich aufmerksam an, was ich dazu zu sagen hatte. Am nächsten Morgen war in ihr der Entschluß gereift, einer Verlegung zuzustimmen.

Einige Tage danach wurde Anne vom Krankenhaus ins Hospiz überführt. Bei der Ankunft dort war sie außer Atem und fühlte sich nicht recht wohl, schien jedoch insgesamt zufrieden mit dem Wechsel zu sein. Diejenigen, die sie zu diesem Zeitpunkt zum ersten Mal sahen, erlebten sie als eine sehr kranke junge Frau, die ihrer Ansicht nach höchstens noch einige Tage zu leben hatte. Als sie der aufnehmende Arzt fragte, was sie sich von ihrem Aufenthalt im Hospiz erhoffe, sagte sie, ihre Hauptsorge sei, daß ihre Söhne versorgt seien und daß sie zudem hoffe, ein bißchen stärker zu werden, um für einen Tag lang heimgehen zu können.

Annes erste Tage im Hospiz waren schwierig. Ihre körperliche Verfassung verschlechterte sich, da ihre Atemnot wieder schlimmer wurde und sie Husten und einen neuen Schmerz im Arm bekam. Sie wollte keine Steigerung ihrer Medikamente, um nicht zu benommen zu werden, war aber damit einverstanden, es mit einer leichten Dosis von verdampftem Morphin zu versuchen, das ihr über die Sauerstoffmaske zugeführt wurde und ihr zu helfen schien. Am Abend ihrer Aufnahme kam ihr Ex-Mann John zu einem Besuch vorbei. Als die Nachtschwester ihren Dienst antrat, schaute sie bei Anne vorbei und fand sie in höchster Erregung vor. Die Krankenschwester hatte John zum Gehen aufgefordert, aber er war verbal aggressiv gegen sie geworden, ehe er schließlich widerstrebend gegangen war. Am folgenden Tag waren Annes Schwestern darüber wütend und baten darum, ihm weitere Besuche zu untersagen, da seine letzten Besuche Anne so sehr aufgeregt zu haben schienen. Der Sozialarbeiter und ich sprachen mit ihnen und kamen mit ihnen überein, daß wir mit John reden würden, falls dies auch Annes Wunsch sei. Zusammen besuchten wir dann Anne, um dies mit ihr zu besprechen und sie zu fragen, was sie bezüglich ihrer Kinder wünsche. Sie war offensichtlich über den Vorschlag erleichtert, daß wir mit ihrem Ex-Mann sprechen wollten und war auch damit einverstanden, daß wir eine gesonderte Besprechung mit ihren Söhnen vereinbaren würden.

Einige Tage danach führten die Stationsschwester und ich ein Gespräch mit John. Ich sagte ihm, daß meiner Überzeugung nach Anne jetzt am dringendsten irgend etwas brauche, das ihr helfen könne, alles loszulassen. Seine Besuche hätten Anne anscheinend in hohem Maß an immer noch offene Wunden bezüglich ihrer Trennung rühren lassen, und wenn er ihr wirklich helfen wolle, sei es das beste, er halte seine Besuche kurz und lasse sich nicht auf die Diskussion von strittigen Fragen oder Gegenständen ein, die Anne vor Entscheidungen stellen würden, die sie nicht treffen konnte, oder vor Aufgaben, die sie in ihrem jetzigen Zustand überforderten. Er hörte sich das zwar an und sagte, er könne verstehen, was ich sage, fügte jedoch hinzu, er habe das Gefühl, er sei das Opfer eines Komplotts der Familie, die ihn heraushalten wolle, obwohl er der Vater der Jungen sei, sich später um sie kümmern werde und diesbezüglich sehr vieles mit Anne besprechen müsse.

Kurz nach diesem Gespräch trafen sich der Sozialarbeiter und ich mit den drei Söhnen. Wir stellten uns vor und sagten ihnen, daß wir ihnen Auskunft darüber geben wollten, wie es Anne gehe, und sie könnten uns alles fragen, was sie gern wissen wollten. Ich sagte ihnen so behutsam, wie ich nur konnte, daß ihre Mutter nicht mehr lange leben werde und erklärte ihnen unser Vorhaben, es ihr so leicht wie möglich zu machen und sie in jeder Hinsicht bestens zu versorgen. Alle drei schauten verloren drein, während ich sprach, und sie schienen diese Nachricht so aufzunehmen, als sei das für sie nichts Neues, sondern bestätige lediglich, was sie schon wußten. Obwohl ich mich so behutsam wie möglich auszudrücken versuchte, hatte ich das Gefühl, meine Worte seien hart und unwirklich. Annes Söhne stellten uns bei dieser Unterredung keinerlei Fragen, gingen anschließend unverzüglich zu Anne ins Zimmer und verbrachten einige Zeit bei ihr.

Am nächsten Morgen schaute ich bei Anne vorbei. Sie sagte, daß sie froh sei, daß gestern diese beiden Gespräche stattgefunden hätten, und vor allem sei sie froh darüber, daß die Jungen auch in Zukunft mit dem Sozialarbeiter in Verbindung bleiben würden. Daraufhin erzählte sie mir von angsteinflößenden Alpträumen, die in den letzten Nächten wieder eingesetzt und sie in Verwirrung und Schrecken versetzt hätten. In einem dieser Alpträume habe sie versucht, Pläne für die Zukunft ihrer Kinder zu schmieden, sei daran aber von jemandem gehindert worden, der versucht habe, sie mit einem großen Küchenmesser zu erstechen. Eine Einzelheit, an die sie sich besonders lebhaft erinnerte, war, daß an der Messerklinge Eiszapfen gehangen hätten. Ich äußerte, es könne vielleicht hilfreich sein, sich die Bilder dieses Traums gemeinsam genauer anzuschauen, und Anne war damit einverstanden. Als sie sich entspannt und auf ihre Gefühle konzentriert hatte, beschrieb sie diese als „gefroren", und später, als sie ihre Achtsamkeit auf ihren Körper richtete, sprach sie von einem „kalten Gefühl" in ihrem rechten Arm. Ich bat sie, dieses Gefühl auszuweiten und ein Bild hochkommen zu lassen. Als sie das tat, beschrieb sie schließlich eine Erinnerung, die ihr dabei kam. Der Winter nach ihrer Brustamputation (es war die rechte Brust gewesen) war außergewöhnlich kalt gewesen. Die Kälte hatte zu Schmerzen in ihrem rechten Arm geführt, was sie frustriert hatte, denn es hatte sie daran gehindert, notwendig anstehende Arbeiten auszuführen. Sie sagte, diese Erinnerung scheine ihren gegenwärtigen Gefühlen zu entsprechen, daß sie alles im Griff behalten wolle, es aber nicht könne, und daß sie gern so vieles tun wolle, aber dazu nicht imstande sei.

„Anne", sagte ich, „könnte es jetzt nicht hilfreich sein, die Worte zu lassen und sich noch etwas länger auf Bilder einzulassen?" Sie nickte zum Zeichen der Zustimmung, und so fuhr ich fort: „Also, dann schließen Sie die Augen, lassen Sie Ihren Geist still werden, und beginnen Sie sich den Sandstrand eines Sees vorzustellen. Es ist ein sonniger Tag, und das Wasser des Sees ist ruhig und klar. Am Ufer sehen Sie ein kleines hölzernes Ruderboot vertäut liegen. Ich lade Sie ein, das Boot loszumachen, in den See zu schieben und, wenn Sie wollen, hineinzusteigen und dann langsam und sachte auf den See hinauszurudern. Während Sie rudern, hören Sie das Plätschern der Bugwelle, während das Boot durch das stille Wasser gleitet. Sie können die Sonne auf Ihrem Gesicht und eine leichte Brise in Ihrem Haar spüren. Jetzt sind Sie eine ganze Zeit lang gerudert und beginnen sich dem gegenüberliegenden Ufer zu nähern.

Beim Herannahen sehen Sie, daß dort jemand auf Sie wartet. Es ist ein Mensch voller Weisheit und Liebe, jemand, dem sehr an Ihnen liegt. Dieser Mensch hat schon länger auf Sie gewartet und über einem Feuer am Seeufer eine Mahlzeit für Sie bereitet. Als Sie ziemlich nahe am Ufer sind, drehen Sie sich um und können über Ihre Schulter erkennen, wer das ist."

„Es ist mein Bruder Francis", sagte Anne. „Ich mag ihn sehr … wir umarmen uns fest … Mir ist, als sei ich gestorben und er sei da, um mich zu begrüßen."

„Möchten Sie ihm in der Situation, in der Sie jetzt gerade sind, etwas Bestimmtes sagen?" fragte ich sie.

„Francis", sagte sie, „ich mag dich so. In der letzten Zeit warst du so weit weg von mir. Ich brauche deine Hilfe. Ich muß aus deinem Mund hören, daß alles gut werden wird. Ich brauche jetzt Trost, und ich brauche auch deine Hilfe, wenn ich sterbe."

„Und welche Antwort gibt er Ihnen?" fragte ich.

„Als Francis schizophren wurde, glaubte er nicht mehr an Gott. Er glaubte vielmehr, diese Welt sei total versaut, und das Schöne komme erst. Sein Gesicht sagt mir, daß das tatsächlich so ist."

Als wir anschließend darüber und über ihre Träume sprachen, versuchte ich ihr zu erklären, es gebe zwar einen Teil von ihr, der nichts mehr an dem, was geschehe, ändern könne und deshalb voller Angst und Sorgen sei, aber da sei auch ein anderer Teil von ihr, der keine Angst habe, und dieser Teil könne immer noch Entscheidungen treffen und wisse in gewisser Hinsicht auch, daß alles gut werde. Ich erklärte ihr weiter, was anscheinend derzeit in ihr vorgehe, sei, daß sie sich vom einen dieser beiden Teile ihrer selbst zum andern hinbewege, und daß ihre Angstgefühle, die in Form von nächtlichen Alpträumen auftauchten, ein unvermeidlicher Bestandteil dieses Prozesses seien. „Es ist unmöglich, sich auf diesen Ort des Friedens zuzubewegen, ohne Angst zu verspüren. So sollten Sie vielleicht eher zulassen, daß Sie Angst haben, statt Ihre Angst negativ zu bewerten oder vor ihr Angst zu haben. Diese Angst zeigt an, daß Sie mitten in einem sehr wichtigen Prozeß begriffen sind. Wahrscheinlich führt der sicherste Weg zu diesem anderen Ort mitten durch Ihre Angst hindurch." Bevor ich ging, fragte ich Anne, ob es ihr recht sei, wenn ich ihr die Kopie eines Gebets von Bruder Charles de Foucauld holte, das als „Gebet der Hingabe" (der Text folgt S. 126) bezeichnet werde. Es könne ihr vielleicht helfen. Sie bejahte das, und ich kam wenig später mit diesem Text zurück.

Das nächste Mal sah ich Anne einige Tage später; dazwischen hatte ein Wochenende gelegen. Das Pflegeteam hatte mir erzählt, daß sich die Situation mit ihrem Ex-Mann gebessert habe. Er komme jetzt seltener und bleibe kürzer, und das habe die Spannungen innerhalb der übrigen Familie verringert. Doch hatte das Team den Eindruck, Annes Gesamtzustand habe sich bedenklich verschlechtert; ihre körperlichen Schmerzen hätten anscheinend zugenommen, und zeitweise habe sie Angstzustände. Ich fragte Anne zunächst nach ihrem körperlichen Befinden, und sie berichtete mir, es sei ein neuer Schmerz in ihren Rippen aufgetreten, den sie jedesmal spüre, wenn sie huste; außerdem sei sie immer in Atemnot und fühle sich schwach und benommen. Sie hatte Anzeichen einer Brustinfektion entwickelt, und wir einigten uns auf einen Behandlungsplan, zu dem Antibiotika und ein entzündungshemmendes Gel gehörten, das ihr die Krankenschwestern vorsichtig auf die Rippen massieren sollten, um den Schmerz zu lindern; außerdem gehörten dazu eine leichte Erhöhung der Verabreichung von Morphin, das sie bereits wegen ihrer Kurzatmigkeit erhielt, und abends vor dem Einschlafen eine Dosis Hustensaft.

Hierauf fragte ich sie, wie sie „in sich selbst" über das Wochenende zurechtgekommen sei. Sie erzählte mir Traumfetzen, an die sie sich aus den letzten Nächten erinnern konnte. In einem dieser Träume war sie mit einem kleinen Jungen auf einem Bett. Er warf sie hoch in die Luft, und sie landeten beide auf dem Bett und lachten schallend miteinander. Sie sagte, die Gefühle dieses Traumes seien Gefühle der Freude und Wärme gewesen, und diese Beschreibung und ihre geröteten Wangen unterschieden sich deutlich von der Blässe und Kälte, die sie zu Beginn unseres letzten Treffens ausgestrahlt hatte. Sie erinnerte

sich auch an einen Augenblick während der vorigen Nacht, in
dem sie halb wach und halb schlafend dagelegen habe. Sie
sagte, da habe sie ein Geräusch wahrgenommen, das sich wie
die Füße sehr vieler „kleiner Leute" angehört hätten, die in ihr
Zimmer getrippelt seien. Schließlich seien sie alle schweigend
um ihr Bett gestanden, und sie habe diese Erfahrung eher als
merkwürdig denn als beunruhigend empfunden. Dann schaute
Anne mich an und sagte: „Wissen Sie, in den letzten Tagen
spüre ich nicht mehr so viel Angst vor dem Sterben. Verstehen
Sie mich nicht falsch, es ist nicht so, daß ich mich darauf
freue, es ist nur, daß ich weniger Angst habe. Ich merke, daß,
wenn ich allein bin und das Gebet spreche: ‚Heiliges Herz Jesu,
auf dich vertraue ich‘, mir das großen Frieden bringt." Ich erwiderte: „Ja, alles wird gut werden, Anne. Der tiefe Strom im
Untergrund, der die Liebe, der Gott ist, er ist da, und er wird
Sie durch das alles hindurchtragen." Dann fragte ich sie, ob sie
mit mir beten wolle. Sie bejahte das. Ich bat sie, sich auf ihre
Kissen zurückzulegen, die Augen zu schließen und auf die
Worte des Gebets zu hören. Ich fing an:

Herr, hab Erbarmen, hör mein Gebet
Herr, hab Erbarmen, hör mein Gebet
Herr, hab Erbarmen, hör mein Gebet
Deinen Willen laß mich wissen
Deinen Willen laß mich wissen
Deinen Willen laß mich wissen

Vater, Mutter, ich gebe mich ganz in deine Hände,
tu mit mir, was du willst.
Was immer du mit mir vorhast, ich danke dir.
Ich bin zu allem bereit, ich nehme alles an,
wenn nur dein Wille an mir und an allen deinen
Geschöpfen geschieht.
Um mehr will ich dich nicht bitten.
In deine Hände lege ich meine Seele.
Ich lege sie da hinein von ganzem Herzen, denn ich
liebe dich.

Ich möchte mich ganz dir schenken, möchte mich loslassen
in deine Hände,
ohne Vorbehalt und in großem Vertrauen,
denn du bist mein Vater, du bist meine Mutter.

Anne, hab keine Angst, denn ich habe dich erlöst.
Ich habe dich bei deinem Namen gerufen, mein bist du.
Mußt du durch Meere schreiten, so bin ich bei dir,
oder durch Flüsse, so werden sie dich nicht verschlingen.
Mußt du durch Feuer schreiten, wird es dich nicht sengen,
und die Flammen werden dich nicht verbrennen.
Denn ich bin Jahwe, dein Gott, der Heilige Israels, dein
Retter.
… denn kostbar bist du in meinen Augen, und ich liebe dich,
… hab keine Angst, ich bin bei dir.

Heiliges Herz Jesu, auf dich vertraue ich,
Heiliges Herz Jesu, auf dich vertraue ich,
Heiliges Herz Jesu, auf dich vertraue ich.

Während ich diese Worte sprach, schaute ich Anne an. Ich war
betroffen, wie zerbrechlich sie wirkte, als sie so dalag und jetzt
offensichtlich schlief. Mit ihren geröteten Wangen sah sie aus,
als brenne sie.

Als ich am folgenden Morgen auf die Station kam, sagte
man mir, Anne sei über Nacht wesentlich schwächer geworden,
und ihr Sterben habe wohl eingesetzt. Ich ging in ihr Zimmer
und sah sofort, daß sich ihr Zustand verschlechtert hatte. Sie
schlief, und offensichtlich mußte sie um jeden Atemzug ringen. Sie wirkte leidend und erschöpft. Ich weckte sie und fragte
sie, ob ich ihr zusätzlich etwas gegen ihre Atemnot geben
könne.

„Werde ich dadurch noch schläfriger?" fragte sie.

„Das kann sein, Anne, aber vielleicht brauchen Sie das jetzt.
Sie müssen anscheinend schwer kämpfen. Würde es Ihnen
etwas ausmachen, noch schläfriger zu sein?"

„Ja", sagte sie, „ich möchte wacher sein."

Als ich gerade das Zimmer verlassen wollte, versank sie wieder in einen Schlaf der Erschöpfung. Ich hatte das Gefühl, das könne das letzte Mal sein, daß ich sie sähe, und so sagte ich: „Auf Wiedersehen, Anne. Ich hoffe, alles geht gut." Sie hob leicht den Kopf und winkte mir zu.

Als ich hinausging, warteten schon ihre Eltern und Geschwister. Wir gingen in den Ambulanzraum außerhalb der Station und setzten uns, und ich sagte ihnen, meinem Gefühl nach bleibe ihr nun nicht mehr viel Zeit. Sie habe zwar immer noch leichte körperliche Schmerzen, doch könne ich ihnen versichern, daß ihr das nicht mehr allzusehr zusetze, und im übrigen hätte ich das Gefühl, daß sie jemand sei, der über große innere Reserven verfüge und, sich auf alles vorbereitet habe, was auch kommen möge, soweit dies möglich sei. Während ich ihnen das sagte, lag im Raum ein Gefühl großer Traurigkeit. Eine der Schwestern Annes sagte, sie habe, während sie in den letzten Tagen an ihrem Bett gesessen habe, immer mit ihr gebetet, und das habe ihr anscheinend Frieden gebracht. Darauf erwähnte ich Annes Äußerung über das „Gebet zum Herzen Jesu". Ihre Schwester erwiderte: „Ja, wir haben ihr das empfohlen. Unser Bruder Francis hat es immer gebetet."

Im Laufe dieses Tages glitt Anne immer wieder zeitweise in die Bewußtlosigkeit. Die Nacht über verfiel sie in tiefen Schlaf. Am nächsten Morgen schaute ich zu ihr hinein, und ihre geschlossenen Augenlider flatterten leicht, als ich sie mit ihrem Namen ansprach. Ich setzte mich einige Minuten zu ihr und wiederholte einige der Gebete vom Vortag. Später am Vormittag wachte sie auf und wirkte verwirrt und rastlos. Als ich ins Zimmer kam, saß eine Schwester am Bett einer verstört dreinschauenden Anne und versuchte, sie zu beruhigen. Dann kniete sich Anne mit weit aufgerissenen Augen auf ihr Bett, schrie und durchwühlte das Bettzeug, um „ihr Kind zu finden". Ich schob einen Stuhl so hin, daß ich Anne genau gegenüber saß, nahm sie bei der Hand und sagte: „Anne, alles ist in Ordnung. Wir sind bei Ihnen. Alles ist in Ordnung. Alles wird gut." Daraufhin unterbrach sie kurz ihr Herumsuchen, schaute mich wie einen völlig Fremden an und sagte klar und langsam, und mit dem Ton der Verärgerung eines Menschen, der es mit jemandem zu tun hat, der schwer von Begriff ist: „Es ist *nicht* alles in Ordnung." Ich blieb eine Zeit lang schweigend sitzen. Dann sagte ich: „Geben Sie jetzt Ihrem Körper nach, Anne. Lassen Sie Ihren Körper jetzt ausruhen. Lassen Sie die Müdigkeit zu." Sie legte sich auf ihre Kissen zurück und begann ruhiger zu werden. Ihre Angehörigen waren den ganzen Tag über in der Nähe und betraten immer wieder der Reihe nach ihr Zimmer. Am späten Nachmittag wurde sie wieder rastlos und erregt und ließ sich nicht mehr besänftigen. Ich entschloß mich zu einer Spritze, um ihr zur Entspannung zu verhelfen. Kurz danach fiel sie wieder in Schlaf. Sie schlief auch während ihrer letzten Stunden, während ihre drei Söhne, ihre Eltern und ihre Geschwister ihr Bett umstanden und ihr Ex-Mann draußen im Aufenthaltsraum saß. Sie starb am frühen Abend.

Warum hatte der Vorschlag, sich vom Krankenhaus ins Hospiz verlegen zu lassen, bei Anne so starke Gefühle der Enttäuschung und Angst ausgelöst? Das Hospiz in Dublin besteht seit über hundert Jahren und ist in der ganzen Stadt bekannt. Bis in die Neuzeit war über seinem Eingangstor die Inschrift „Hospice for the Dying – Sterbehospiz" angebracht. Obwohl diese Inschrift längst entfernt ist und in den letzten Jahren viel dafür getan worden ist, um es eher als „Hospiz für die Lebenden" ins Bewußtsein der Menschen zu bringen, gehören für die meisten Dubliner „Hospiz" und „Sterben" weiterhin zusammen. Anne war zwar voll über ihre Prognose informiert, aber es scheint, die Art, wie ihr zum erstenmal das Hospiz empfohlen worden war, hatte auf sie schockierend gewirkt. Das legt nahe, daß sie zu diesem Zeitpunkt immer noch ein Stückweit davon entfernt war, emotional anzunehmen, daß ihr schon bald das Sterben bevorstehe. Für Anne bedeutete deshalb die Verlegung ins Hospiz bereits eine Art Sterben. Die Gefühle, die dies hervorrief, waren die Stimme ihres Ich, das seinen Widerstand gegen eine solche Verlegung anmeldete.

Annes erste Tage im Hospiz waren ziemlich „umtriebig". Es gab eine Menge zu tun, vor allem bezüglich ihrer schmerzhaften körperlichen Symptome und der ungelösten Beziehungsprobleme. Sowohl Anne als auch ihre Angehörigen benötigten das ganze Spektrum der multi-professionellen Betreuung, die das Hospiz bieten konnte. Hätte diese fachmännische Betreuung nicht zur Verfügung gestanden, so hätte Anne vermutlich sehr viel mehr gelitten und wäre vielleicht nicht in der Lage gewesen, sich tief innerlich auf ihren herannahenden Tod vorzubereiten. Auch hier wird wie in anderen Geschichten dieses Buches deutlich, daß die Schmerztherapie den ersten wesentlichen Schritt auf dem Weg zur Tiefenarbeit darstellt.

Ohne eine Schmerztherapie, die „gut genug" ist, bieten sich weder der Raum noch die Freiheit, um in die Tiefe zu gehen. Solange nicht die Oberflächenebene des Leidens so professionell und verständnisvoll wie möglich versorgt ist, bleibt der betreffende Mensch durch sein körperliches, emotionales und soziales Leiden an diese Dimension seiner Wirklichkeit gebunden. Das traf eindeutig auf Anne zu, der die Tiefenarbeit mit Hilfe von Bildern, Träumen und Gebeten gar kein ganz unbekanntes Gelände erschließen mußte, da sie schon vor ihrer tödlichen Krankheit ein Mensch mit einem reichen inneren Leben gewesen war; vielmehr mußte ihr damit nur die Möglichkeit gegeben werden, sich dem zu widmen, was sie ohnehin wollte, wozu sie jedoch zu dieser Zeit aus eigener Kraft weder frei noch fähig war.

Für Anne bedeutete die Hinwendung zur Tiefe anfangs einen schwierigen Schritt. Die erste Imaginationsübung führte sie an die Wurzeln ihres emotionalen Schmerzes und konfrontierte sie mit Gefühlen der Verlassenheit angesichts der Aussicht, ihre Mutter zu verlieren. Hinzu kamen die quälende Vorstellung, wie ihre Mutter darunter leiden würde, sie zu verlieren, sowie ihre noch immer schwelende Trauer um ihren Bruder, der schon vor etlichen Jahren gestorben war. Eine Reise in die Tiefe ist auch eine Reise in die tieferen Schichten unseres emotionalen Empfindens, und oft fördert sie bestimmte, zuweilen sehr schmerzhafte Inhalte zutage, denen man sich im Verlauf des Sterbeprozesses stellen muß.

Kurz nach ihrer ersten Imaginationsübung hatte Anne ein Gefühl, das sie als ein „warmes Leuchten" mitten in ihrer Brust bezeichnete, verbunden mit dem Gefühl, „von Liebe umhüllt" zu sein. Ich glaube, daß das, was Anne hier beschrieb, die Erfahrung war, im Tiefenzentrum oder wesentlichen Selbst geborgen zu sein, also in jener Mitte, die viele von uns als dasjenige im Menschen betrachten, was mit dem Unendlichen und Ewigen verknüpft ist. Bei ihrem Ringen um die richtigen Worte für diese Erfahrung sprach sie von „Gott" und „Liebe" und jenem Teil ihrer selbst, der auch „danach weiterleben" würde.

Hält man sich vor Augen, wie Annes Persönlichkeit beschaffen war und welche Sorgen sie sich um ihre ungelösten familiären Probleme machte, so kann man davon ausgehen, daß sie sich bis an ihr Ende mit der unmöglichen Aufgabe herumgeplagt hätte, allen, die sie liebte und die sie zurückließ, ihr Sterben möglichst leicht und nicht allzu schmerzlich werden zu lassen. Zum Glück jedoch erhielt sie die beschriebene Hilfe. Doch bestand die Aufgabe der Tiefenarbeit in ihrem Fall nicht nur darin, ihr zu helfen, sich von allem zu lösen, was sie an die Oberflächenebene band, so daß sie ungehindert in die Tiefe sinken konnte. Das wäre sowohl verfrüht als auch unangemessen gewesen und hätte sie und die ihr nahestehenden Menschen vielleicht um etwas Wesentliches an ihrem Loslassen und Sterben gebracht.

Es war, als habe Anne viele Jahre auf dem Land in Luft und Sonne gelebt und jetzt angefangen, wieder die Tiefen des Meeres zu entdecken. Ihre Besuche an der Oberfläche gestatteten es ihr, das Material, das sie für ihre neue Wohnung in der Tiefe brauchte, neu zu ordnen und zusammenzustellen, während die Zeiten in der Tiefe dazu führten, daß sie den an Land Wartenden Schätze der Liebe und des Sinns mitbringen konnte, also Geschenke, die ihren Schmerz und ihre Trauer ein kleines bißchen erträglicher machten. Die zeitweise Reise in die Tiefe gestattete es ihr, rituell ihren Sterbeprozeß einzuüben und verschaffte ihr großen Trost, und ihr Wiederauftauchen an der Oberfläche, um Luft zu schnappen, gab ihr die Möglichkeit, ihre Familie zu trösten und sich von allen zu verabschieden. Mit anderen Worten: Alles, was Anne in dieser Zeit erfuhr, sowohl auf der Oberfläche als auch in der Tiefe, ergänzte sich gegenseitig und war wertvoll für ihre ganz persönliche Art, ihr Sterben zu vollziehen.

Annes Geschichte veranschaulicht, daß man die verschiedenen Abschnitte des Chiron-Mythos vielleicht am besten als eine Konstellation von Einzelzügen betrachtet, die jeder Mensch im Verlauf seines Sterbeprozesses in einer ihm gemäßen Reihenfolge und zu seinen ganz eigenen Zeiten erfahren kann. Es hatte zum Beispiel in ihrer Erfahrung des Geliebtwerdens, in dem Gefühl des Friedens, den sie von Zeit zu Zeit empfunden hatte, und in dem Trost, der ihr von den Menschen, die sie umgaben, vermittelt worden war, eine Zeit lang Zeichen der Wiederkehr gegeben. Immer und immer wieder entschloß sich Anne zum Vertrauen, und viele Male stieg sie ab, wobei ihr Ringen schubweise bis in die letzten Stunden ihres Lebens hinein andauerte.

Annes zweite Imaginationsübung birgt in sich den ganzen Mikrokosmos, den man bei den einzelnen Phasen des Chiron-Mythos durchwandert. Zu Beginn dieser Sitzung kämpfte Anne gegen ihre körperlichen und emotionalen Leiden an. Als sie beschloß, das Boot zu besteigen und eine Reise mit unbekanntem Ziel anzutreten, bedeutete das ihren Entschluß, in die Tiefe vorzudringen. Das Wesentliche an dieser Abstiegserfahrung formulierte sie selbst, als sie sagte, das Wiedersehen mit ihrem (toten) Bruder sei so gewesen, „als sei ich gestorben und er sei da, um mich zu begrüßen". Und schließlich bestätigte der Umstand, daß das für sie so trostvolle Gebet zum Herzen Jesu auch das Lieblingsgebet ihres Bruders Francis gewesen war, daß sie in der Wiederkehr begriffen war.

Diese zweite Imaginationsübung hilft uns gleichzeitig, deutlich zu sehen, was die Betreuer sterbender Menschen für diese Menschen tun können. So wertvoll ihre Arbeit auch sein mag, man muß ihre Grenzen sehen. Die Betreuer können zwar ein weites Stück des Weges mit dem Sterbenden gehen, aber an einem bestimmten Punkt müssen sie Halt machen, warten und den betreffenden Menschen allein weitergehen lassen. Es ist eine zutiefst ermutigendende und bezeichnende Beobachtung, daß zu diesem Zeitpunkt ein innerer Führer auf den Plan tritt, das heißt jemand aus der Bilderwelt der Seele des Betreffenden, der den Weg aus eigener Erfahrung kennt. Anne erkannte in Francis diesen Führer, und sie bat ihn, ihr zu helfen, „jetzt … und wenn ich sterbe".

Die Art, wie ich kurz vor ihrem Tod mit Anne zusammen betete, kann manchen Menschen den Weg in die Tiefe erleichtern. Mir war klar geworden, daß Anne ein Mensch mit einer ausgeprägten Spiritualität war und daß für sie die religiöse Sprache eine angemessene und effektive Möglichkeit darstellte, diese innere Erfahrung zum Ausdruck zu bringen. Bei einem anderen Menschen hätte der Gebrauch des Gebets und der religiösen Bildersprache in dieser Form vielleicht nur sein Gefühl der Entfremdung verstärkt. Worauf es ankommt, ist, für jeden einzelnen Menschen die ihm gemäße Sprache und Deutung zu finden.

Schließlich werde ich nie den Gesichtsausdruck Annes vergessen, als sie kurz innehielt und dann mit einem entschlossenen und verzweifelten Ton in ihrer Stimme meinem Versuch, sie kurz vor ihrem Sterben zu beruhigen, die Stirn bot und sagte: „Es ist *nicht* alles in Ordnung." Seit Anne das zu mir gesagt hat, habe ich lange und gründlich über diese Aussage nachgedacht. Was genau war nicht in Ordnung gewesen? Diese Worte hatte eine junge Frau gesprochen, die über ihre Schulter auf mich zurückgeschaut hatte, als sie allein auf der Schwelle zum finsteren Reich des Todes gestanden hatte. So gut ich es auch gemeint haben mochte: Es war nicht in Ordnung gewesen, daß ich unterstellt hatte, sie reagiere zu stark und solle nicht so viel Aufhebens machen; damit hatte ich zu wenig anerkannt, wie ungeheuer wichtig das war, was sie gerade durchmachte, und ich hatte ihre Erfahrung in gewisser Hinsicht verharmlost. Annes letzte Worte an mich stellen nicht die Grundaussage dieses Buches in Frage, daß eine gute Schmerztherapie und eine vorbereitende Tiefenarbeit die Art, wie wir leben und sterben, maßgeblich beeinflussen kann, aber sie weisen diesen Maßnahmen ihren ganz bescheidenen Platz zu. Sie erinnern daran, daß zum Sterbeprozeß auch das Leiden, schmerzliche Trennungen und unerledigte Aufgaben gehören, ganz gleich,

was wir an Hilfreichem sagen und tun mögen. Der Tod läßt sich nicht zähmen. Der Tod bleibt der große Unbekannte. Der Tod ist anders. Der Tod ist der Tod.
Wenn die Menschen sterben, erwartet sie,
was sie weder erwarten noch sich vorstellen können.

Heraklit

Spontane Verbrennung:
Die Geschichte von James

Ich war gebeten worden, James im Krankenhaus eine Visite abzustatten, um meinen Rat für seine Schmerztherapie beizusteuern. Vor meinem Besuch bei ihm las ich in seiner Krankengeschichte, daß dieser Achtzigjährige vor sechs Wochen auf die Intensivstation eingeliefert worden war, weil er akute Brustschmerzen verspürt hatte. Die Untersuchungen hatten dann ergeben, daß er einen Herzinfarkt erlitten hatte, weshalb er unverzüglich auf die entsprechende Station verlegt worden war. Er erholte sich allmählich wieder, begann schließlich aber über Beschwerden beim Schlucken zu klagen. Seine Ärzte hatten weitere Untersuchungen angestellt und herausgefunden, daß er einen großen inoperablen Krebstumor an der Speiseröhre hatte. Daraufhin war er auf die allgemeinmedizinische Station verlegt worden, wo er jetzt noch lag.

Ich betrat James' Zimmer und stellte mich vor. Dann erklärte ich ihm, daß ich eingeladen worden sei, ihn zu besuchen und meinen Rat abzugeben, wie man ihm Erleichterung verschaffen und gemeinsam mit ihm und seinen Angehörigen seine Entlassung aus dem Krankenhaus organisieren könne. Während ich an seinem Bett saß und mir seine Geschichte anhörte, beugte er sich nach vorn und mußte immer nach wenigen Worten innehalten, um wieder zu Atem zu kommen. Zuerst sprach er von seiner Atemnot, die ihn stark behindere; nachts wache er immer wieder auf und müsse um Atem ringen. Er sah bleich, krank und verängstigt aus. Offensichtlich hatte man ihm nicht seine volle Diagnose eröffnet; er erzählte mir, nach seinem Herzinfarkt habe er eine schlimme Brustinfektion bekommen, und diese halte nun seinen Genesungsprozeß auf. Er sagte, er hoffe sehr, daß er bald heimgehen könne und äußerte seine Sorge um seine Frau, um die sich infolge ihres hohen Alters jemand kümmern müsse. Schließlich fügte er noch hinzu, er habe im Laufe der letzten zwölf Monate „sieben seiner Geschwister ins Grab geschaut", und jetzt lebten nur noch er und ein jüngerer Bruder.

Ich sah in James einen sehr kranken Mann, der vermutlich nicht mehr lang zu leben hatte. Obwohl man ihm nicht seine volle Diagnose und Prognose eröffnet hatte, ging er nicht auf mein Angebot ein, er könne mich alles fragen, was er wissen wolle. Ich spürte, daß er wahrscheinlich selbst den Verdacht hatte, es stehe schlechter um ihn, als er wahrhaben wollte. Dies und seine Kurzatmigkeit waren meiner Ansicht nach der Grund dafür, daß er verschreckt und ängstlich war. Ich schlug vor, ihm zunächst ein Medikament zur Erleichterung seiner Atembeschwerden zu verabreichen, sowie abends eine milde spannungslösende Tablette. Ich sagte zu ihm, daß ich zu Anfang der nächsten Woche wiederkommen wolle, und dann müsse er eigentlich so weit sein, daß man an seine Entlassung denken könne.

Als ich fünf Tage danach wiederkam, um nach James zu sehen, begrüßte mich eine der Schwestern und sagte, sie sei froh, daß ich da sei, denn sie machten sich große Sorgen um ihn. Zwar hätten sich seine Atembeschwerden und Schlafstörungen nach meiner letzten Visite gebessert, aber die vorige Nacht sei für ihn sehr schlimm gewesen, und zwar nicht wegen Atembeschwerden, sondern wegen „eines entsetzlichen Alptraums". Offensichtlich hatte man James in den frühen Morgenstunden in einem Zustand höchster Erregung vorgefunden, und er hatte von seinem Traum erzählt. Er hatte darauf bestanden, daß man sofort seine drei Söhne benachrichtige, sie sollten kommen. Als er einfach „nicht zur Vernunft kommen" wollte, hatte ihm die Krankenschwester Valium gegeben. Das hatte ihn schließlich beruhigt, und er war wieder eingeschlafen.

Als ich an sein Bett trat, schien James zu schlafen. Ich bemerkte, daß die anderen Männer in seinem Zimmer gelegentlich ängstliche Blicke in unsere Richtung warfen. Betroffen stellte ich fest, daß er jetzt noch ausgelaugter und zerbrechlich wirkte als bei meinem Besuch vor wenigen Tagen. Er kam langsam zu sich, als ich ihn bei seinem Namen ansprach und ihm erklärte, wer ich sei.

„Die Schwestern haben mir erzählt, daß Sie diese Nacht einen entsetzlichen Alptraum gehabt haben, James", sagte ich. Daraufhin setzte er sich kerzengerade auf und war hellwach.

„Einen Alptraum?" erwiderte er. „Das war der außergewöhnlichste Traum, den ich je in meinem Leben gehabt habe." Er beschrieb mir seinen Traum.

Mitten in der Nacht war James aufgewacht und hatte festgestellt, daß ein Mann an seinem Krankenhausbett stand. Der Mann hatte sich als Professor John Kelly Reeves vorgestellt und zu ihm gesagt, da er nicht mehr lange zu leben habe, wolle er James einige wichtige Informationen geben. Er brachte James nach Newgrange; das ist eine prähistorische Grabkammer nördlich von Dublin im County Meath. Dort führte er ihn ins Zentrum der Grabkammer, so daß James' Rücken auf der Steinplatte ruhte, auf die alljährlich am Tag der Wintersonnenwende morgens die ersten Sonnenstrahlen fallen. Daraufhin führte der Professor James aus der Grabkammer heraus, wies ihn an, eine bestimmte Strecke weit nach links zu gehen, von da aus noch einmal eine kürzere Strecke nach links, und schließlich sollte er sich ein weiteres Mal nach links drehen. Dann wies er James an, an dieser Stelle die Erde aufzugraben. „Und wissen Sie, da entdeckte ich etwas umwerfend Herrliches. Unter Newgrange begraben fand ich diese andere vorzeitliche Stadt. Ich konnte alle kreisrunden Umrisse der Häuser und alle Straßenzeilen dieser wunderbaren Stadt sehen, die sich bis nach Dundalk hin erstreckte. Das ist der Schatz, von dem ich meinen Söhnen erzählen wollte."

Ich hörte ehrfürchtig zu, als mir James seinen Traum schilderte. Während er redete, schien er zu glühen, und seine körperliche Gebrechlichkeit schien nicht mehr so wichtig zu sein.

Ich beglückwünschte ihn, einen so wunderbaren Traum gehabt zu haben. Er freute sich offensichtlich, als ich ihn bat, mir noch ausführlicher von diesem Traum zu erzählen und mir weitere Einzelheiten zu erläutern. Er war selbst darüber erstaunt, daß er einen solchen Traum gehabt hatte, denn er wußte zwar von Newgrange, war selbst aber noch nie dort gewesen und hatte auch noch nie etwas darüber gelesen und sich bisher nicht besonders für solche Dinge interessiert. Ich bat ihn, mir seine Gefühle während dieses Traums zu beschreiben. „Er war ganz lebhaft und wirklich", sagte er, „aber ich hatte keine Angst. Er gab mir das Gefühl ..., berühmt zu sein." Ich wiederholte, es sei großartig, daß er einen solchen Traum gehabt habe und ihn habe nacherzählen können. „Ich hoffe, er kündigt etwas Gutes an", entgegnete er.

James warf einen Blick durch das Krankenzimmer und erzählte mir dann, gestern am frühen Abend sei der Mann in dem ihm gegenüberliegenden Bett gestorben. Er habe geweint und dabei an seine in den letzten Monaten verstorbenen Brüder und Schwestern gedacht. Er sagte, er müsse noch verschiedene Sachen „sortieren", und er wolle ein Testament schreiben. Schließlich beschloß er unsere Begegnung mit der Äußerung, er habe vor, „tüchtig zuzunehmen", ehe er heimgehe, und er wäre dankbar dafür, wenn ich ihm dabei helfen würde.

James starb knapp zwei Wochen nach dieser Begebenheit im Krankenhaus. In der Zeit davor besuchte ich ihn noch öfter. Es war für mich immer eine Freude, ihn zu besuchen, und auch er schien sich jedesmal über meinen Besuch zu freuen. Es war, als verbinde uns etwas Besonderes miteinander, seit er mir seinen Traum anvertraut hatte. Gewöhnlich begann ich diese Besuche mit der Frage, wie es ihm gehe. Dann beschrieb er mir, wie er sich fühlte, und wir besprachen dann, was man gegen seine eventuellen Beschwerden tun könne, die in diesem Stadium glücklicherweise selten und nicht allzu groß waren. Unvermeidlich mündete dieser Teil der Konsultation immer in die Erörterung, wie man seine Entlassung nach Hause gestalten könne, und wir wurden uns immer darüber einig, daß das jetzt noch zu früh und im Augenblick das Krankenhaus noch genau das Richtige für ihn sei. Offensichtlich war er damit zufrieden, und es erleichterte ihn. Wir kamen auch bei jeder dieser Begegnungen irgendwann wieder auf seinen Traum zu sprechen. James tat das stets gern, und wenn er darüber redete, schien immer eine Veränderung mit ihm vorzugehen. Es schien, als fließe ihm bei diesem Thema eine stille Energie zu, denn dann setzte er sich immer im Bett auf und redete in einem Tonfall ruhiger Autorität.

Zwei Tage vor seinem Tod, während meines letzten Besuches bei ihm, erzählte er mir noch einmal ausführlich seinen ganzen Traum. Als er fertig war, sann er darüber nach, schaute dabei geradeaus vor sich hin, lehnte sich nach vorn und winkelte seine dürren Beine unter der Decke an. „Wissen Sie … heute nacht um halb zwei war es, als überkomme mich etwas … und was da der Professor zu mir gesagt hat, vielleicht wollte er sagen, daß *ich* nicht mehr lange zu leben habe? Egal, seit diesem Traum mache ich mir darüber keine Sorgen mehr … Ich habe alles in die Hände meiner Söhne legen können … Vorher hatte ich immer solche Angst … Jetzt habe ich keine Angst mehr." Und wieder beschloß er schließlich unsere Begegnung damit, daß er positiv und zuversichtlich von der Zukunft sprach, und daß er bald heimkommen werde, „wenn es an der Zeit ist". Seine letzten Worte an mich waren: „Wenn ich wieder rüstig genug bin, nehme ich Sie nach Newgrange mit. Einer meiner Söhne wird uns fahren, und ich werde Ihnen zeigen, was ich gesehen habe."

Ich verließ James an diesem Tag mit einem Gefühl tiefer Traurigkeit, weil mich der Gedanke bedrückte, daß ich ihn wohl nicht mehr lebend wiedersehen würde. Draußen im Flur wartete einer seiner Söhne, der mich sprechen wollte. Ich sagte ihm, meinem Gefühl nach sei die Zeit seines Vaters fast abgelaufen. Er erwiderte, die Familie sei sich darüber voll im klaren, und sie alle seien zwar sehr traurig darüber, aber sie könnten das akzeptieren. Es tröste sie, daß sich James so wohl fühle, und sie staunten, wie friedlich er trotz der dramatischen Verschlechterung seines Zustandes sei, ganz im Gegensatz zu seiner Rastlosigkeit in den Wochen davor. Später an diesem Nachmittag verschied er friedlich, wobei seine Frau und seine drei Söhne an seinem Bett standen.

Zufällig machte ich am folgenden Tag meinen ersten, schon lange geplanten Ausflug zu einem Steingräberfeld des Typus von Newgrange in Loughcrew im County Meath. Ich mußte an James denken, als ich schweigend, den Rücken an den Stein im Zentrum der Grabstätte gelehnt, dasaß, und ich spürte, daß er ganz intensiv gegenwärtig war.

Gelegentlich werde ich, gewöhnlich von verzweifelten Patienten, gefragt, ob ich an Wunder glaube. Meine Antwort ist: Ja, ich glaube an Wunder. Manchmal, so füge ich hinzu, trifft ein Wunder vielleicht nicht in der Form ein, wie man es erwartet, aber, meiner Erfahrung nach geschehen Wunder. Wenn ich diese Antwort gebe, denke ich dabei an Menschen wie James.

Da war ein kranker, verängstigter Mann, der nur noch wenige Wochen zu leben hatte. Sein Traum schenkte ihm eine Erfahrung, die ihn durch und durch veränderte. Es war, als sei er nicht länger in ein enges und schreckliches Gefängnis eingesperrt. Mittels dieses Traums war er anscheinend in die Tiefe eingetaucht und erfuhr, wie sich vor ihm ein weiter Raum auftat.

In den Begriffen des Chiron-Mythos gesprochen, kämpfte James zwar auch noch nach seinem Traum weiter, was sich darin äußerte, daß er weiterhin fest entschlossen war, wieder an Gewicht zuzulegen und heimzukommen; aber das war für ihn kein verzweifelt oder ausschließlich angestrebtes Ziel mehr, und je näher sein Tod rückte, desto mehr verlor es an Bedeutung. James hatte eine entscheidende Wahl getroffen: Er hatte sich dafür entschieden, seinem Traum zu glauben. Von da an entfaltete der Traum seine eigene Dynamik und erschloß ihm die heilende Kraft des Träumens. Das war der Grund für seine sanfte Ruhe in diesen letzten Tagen, für sein Gefühl der Gemeinschaft und Solidarität mit den anderen Männern in seinem Zimmer, für sein trauriges Abschiednehmen zu Beginn dieser neuen Reise, für das zeitliche Zusammentreffen seines Traums mit meiner Geschichte. All dem war es zu verdanken, daß er wirkte, als erfülle ihn das goldene Licht eines heiteren Wintertages.

Ich habe diese Reihe von Geschichten mit derjenigen von James und seinem bemerkenswerten Traum abgeschlossen, weil sich mit ihr offensichtlich der Kreis zu Bills Geschichte schließt, die ich im ersten Kapitel dieses Buches erzählt habe. Bei beiden Männern schien sich die außergewöhnliche innere Umwandlung, die sie kurz vor ihrem Sterben erfahren hatten, ganz spontan ergeben zu haben und war nicht das Ergebnis der fachmännischen Anwendung dessen, was ich als eine Art „Kunst der Tiefe" beschrieben habe. Die Weise, wie James immer wieder über seinen Traum gestaunt hat, erinnert an Bills Entzücken und Stolz, daß in ihm selbst solche erstaunlichen Wunder steckten. Ich finde diese Geschichten besonders ergreifend, weil sie mir zu bestätigen scheinen, daß es letztlich nicht darauf ankommt, was wir bei unserem Sterben und bei unserer Arbeit mit Sterbenden tun oder nicht tun. Entscheidend ist vielmehr, daß es eine andere Welt und eine wirkende Kraft gibt, die darauf aus ist, daß es uns gut geht und unsere eigenen Bemühungen uns ans Ziel führen.

(Kurz nach dem Tod von James las ich etwas über Newgrange nach und stieß auf den Hinweis auf einen gewissen John Rhys, einen Fachmann auf diesem Gebiet. Er hat ein Buch mit dem Titel *Lectures on the Origin and Growth of Religion as Illustrated by Celtic Heathendom* geschrieben, das 1892 in der zweiten Auflage erschien. Ich bin mir so gut wie sicher, daß James weder dieses Buch gelesen noch vor seinem Traum jemals etwas von John Rhys gehört hatte.)

Teil 4

Tiefenarbeit

Nur wer die Leier schon hob
auch unter Schatten,
darf das unendliche Lob
ahnend erstatten.

Nur wer mit Toten vom Mohn
aß, von dem ihren,
wird nicht den leisesten Ton
wieder verlieren.

Mag auch die Spieglung im Teich
oft uns verschwimmen:
Wisse das Bild.

Erst in dem Doppelbereich
werden die Stimmen
ewig und mild.

Rainer Maria Rilke[4]

*Die Geschichten in diesem Buch machen deutlich, daß wir,
wenn wir uns mit dem Tod beschäftigen, nicht nur auf die
äußeren, sondern auch auf die inneren Aspekte des Sterbeprozesses achten müssen. Mit den bereits verwendeten Begriffen
gesprochen: Wir müssen nicht nur die Oberflächen-, sondern
auch die Tiefen-Ebene unserer Erfahrung deutlich ins Auge
fassen. Unsere Geschichten zeigen, daß die Arbeit auf der
Oberfläche zwar wesentlich ist, aber doch nur ein Anfang, und
daß die Kernfrage darin besteht, welche Beziehung wir zur*

---

[4] R. M. Rilke, Die Sonette an Orpheus, Erster Teil IX. Zitiert nach der Ausgabe
der Werke im Insel Verlag 1980, Band I-2, S. 492

Tiefe und zu unserer Seele haben. Zudem zeigen sie uns, welches außergewöhnliche Potential zur persönlichen Reifung und Wandlung gegen Ende unseres Lebens bereitliegt, und gleichzeitig mahnen sie uns, unsere ganz persönliche Antwort auf die Herausforderung durch die Seelenpein zu finden, wo immer und wer immer wir sind.

Wenn der Tod naht, geht es um die Qualität der noch verbleibenden Zeit. Die Geschichten, die ich mitgeteilt habe, führen vor Augen, daß diese Qualität vom dynamischen Zusammenspiel einer Vielzahl von Faktoren abhängt. Dazu gehören die kompetente physische Betreuung, die die einzelnen erhalten haben, die Beziehungen zwischen den Betreffenden und den sie Pflegenden, sowie die psychologischen Veränderungen, die in den Patienten selbst stattfanden.

Zunächst einmal war es wichtig, daß das Pflegepersonal qualifizierte Arbeit leistete. Diese Patienten brauchten Betreuer, die kompetent und effektiv etwas gegen ihre körperlichen Schmerzen unternahmen, an ihrem Bett sitzenbleiben und offen und klar mit ihnen darüber sprechen konnten, was vor sich ging, und die sogar die Zeit hatten, sich auf ihre familiären Probleme einzulassen. Außerdem mußten diese Betreuer in der Lage sein, ihre Schmerztherapie als das einzuordnen, was sie war: nämlich ein Ziel für sich, aber gleichzeitig der Anfang von etwas anderem. Die Schmerztherapie war eine Vorbereitung und diente dem Schaffen eines Freiraums, in dem sich in einer nächsten Phase die weitere Geschichte des betreffenden Menschen entfalten konnte.

Diese Menschen erfuhren die Heilung ihrer Seelenpein von dem Punkt an, wo sie sich auf den Weg zu einer inneren Reise in die Tiefe machten. Ihre fachmännische und effektive Betreuung war zwar der wesentliche erste Schritt in diesem Prozeß, aber für die Frage, ob der Abstieg gelingen würde, war es entscheidend, von welcher Qualität die Beziehung zwischen Patient und Betreuer war. Jetzt kam es nicht mehr nur darauf an, was ihre Betreuer taten, sondern wie sie es taten. In erster Linie zählte jetzt nicht mehr, daß die Bemühungen ihrer Betreuer tatsächlich zum Erfolg führten, sondern daß diese Betreuer bei ihnen blieben, ganz gleich, wie sich die Dinge entwickelten. Das schuf jenen Raum des Vertrauens und der Sicherheit, den diese Menschen brauchten, um sich in ihrem eigenen Tempo und auf ihre eigene Weise dafür entscheiden zu können, sich auf die unbekannte Unterwelt in ihrem Inneren einzulassen.

Schließlich wird aus diesen Geschichten auch deutlich, daß die menschlichen Qualitäten der Betreuer selbst wichtig waren. Die Menschen, von denen ich erzählt habe, brauchten als Weggefährten jemanden, der keine Angst vor der Finsternis hatte, jemanden, der aus eigener Erfahrung wußte, was es bedeutete, in das Unbekannte einzutauchen. Dieser Mensch mußte durchaus nicht „den vollen Durchblick" haben und erst recht nicht alle Antworten wissen, aber er mußte fähig sein, mit Fragen zu leben und sich auf seine eigene Reise in die Tiefe einzulassen. Ein solcher Mensch konnte erkennen, was mit diesen sterbenden Menschen wirklich vorging; er konnte ihnen zu der Einsicht verhelfen, daß der Ausweg jetzt nicht mehr darin bestand, sich verzweifelt um ein Entkommen zu bemühen, und er konnte ihnen zu Bewußtsein bringen, daß sie immer noch sehr wichtige Entscheidungen selbst treffen konnten. Dieser Mensch mußte auch die Kunst der „Tiefenarbeit" beherrschen, die gelegentlich erforderlich war, um einen normalerweise spontan verlaufenden Prozeß aus seiner Blockierung zu lösen, damit der Betreffende seinen Abstieg vollends vollziehen konnte. Die Menschen in diesen Geschichten wußten, ohne daß ein Wort gesprochen werden mußte, wann jemand an ihrem Bett saß, der schon einiges über die Seele gelernt hatte. Ein solcher Mensch wirkte auf sie schon durch seine bloße Gegenwart ermutigend, und er bestätigte damit das Wort des Psalmisten, daß „ein Abgrund den anderen Abgrund ruft, im Tosen der Wasser".

Bedenkt man die Natur und die kulturell bedingten Faktoren der Seelenpein und hält man sich die Tatsache vor Augen, daß es auf unsere individuelle Antwort auf diese Fragen ankommt, so zeichnet sich eine zentrale Wahrheit ab: jede und jeder von uns muß neu damit anfangen, mit ihrer/seiner Seele

Freundschaft zu schließen. Aber wo, wann und wie können wir etwas dafür tun? Die Geschichten in diesem Buch weisen deutlich darauf hin, daß es nur einen Ausgangspunkt dafür gibt: uns selbst. Sie führen eindrucksvoll vor Augen, welche Schwierigkeiten sich ergeben können, wenn man zu spät damit anfängt, und sie sagen uns, daß die rechte Zeit, damit anzufangen, jetzt ist. Sie offenbaren, daß die eigentliche Ursache der Seelenpein darin besteht, daß der Kontakt des Menschen zu seiner eigenen Tiefe abgerissen ist. Folglich besteht die Aufgabe eines jeden von uns zunächst darin, sich bewußt die Frage zu stellen, wie sie/er unverzüglich diese persönliche Reise in die Tiefe antreten kann.

Dies muß ich eines Tages tun:
Meine luftige Waage kippen,
Mich unters Wasser fallen lassen,
In die grüne Finsternis tauchen,
Nach der Unterwassertür suchen
Hinein in meine Dumpfheit und Blindheit
Und brüllen vor Angst und Schmerz,
Weil mir schier das Trommelfell platzt.
R. S. Thomas, „This to Do"

Der Anfang der Reise in die Tiefe

Es wundert kaum, daß wir uns bei anderen Kulturen umsehen müssen, wenn wir nach Einstiegen in diese Reise in die Tiefe suchen. Bestimmte buddhistische Traditionen weisen darauf hin, wie wertvoll es sei, sich täglich meditativ in das Bewußtsein des Sterbens einzuüben. Das ist eine Form der Meditationsübung, die uns bewußt und regelmäßig von der Oberfläche in die Tiefe führt. Die Lehren des *Tibetischen Totenbuchs* zielen darauf ab, den Übenden derart mit diesem Prozeß des Überschreitens der Schwelle und allen damit verbundenen Erfahrungen vertraut zu machen, daß der tatsächliche physische, leibliche Tod, wenn er eintritt, viel von seinem Schrecken

144

verloren hat. In diesem Sinn sagt der buddhistische Lehrmeister Sogyal Rinpoche: „Für jemanden, der sich darauf vorbereitet und ihn eingeübt hat, kommt der Tod nicht als Niederlage, sondern als Sieg." Es gibt westliche Beispiele dieser Art,
die allerdings weniger ausdrücklich sind. Bemerkenswert ist,
daß eine europäische Form des methodischen Sich-Einübens
ins eigene Sterben, bekannt als „Ars Moriendi", bis ins Spät-
mittelalter von sehr vielen Menschen praktiziert wurde. Sie
scheint mit dem zunehmenden Vormarsch des Zeitalters der
„Aufklärung" verschwunden zu sein.

Auch Stammeskulturen können uns vieles über die Kunst
des Sterbens lehren. In der Gesellschaft der australischen Aborigines werden bis heute Schwellenübergänge (zum Beispiel
aus der Kindheit ins Erwachsenenalter) mit Initiationsriten ge-
feiert, den sogenannten „Übergangsriten". Die Hüter dieser
Riten sind die Stammesältesten, die bereits den Prozeß der
Initiation hinter sich haben. Indem sie diesen Übergang vom
Bekannten ins Unbekannte äußerlich ritualisieren, erleichtern
sie den Initianden die Erfahrung des inneren Übergangs von
der Oberfläche zu Tiefenschichten. Sie thematisieren immer
wieder diesen Übergang, und auf diese Weise bauen sie die
Angst vor dem Unbekannten schrittweise ab. Sie helfen entdecken, daß es ein Leben nach dem Tod gibt, ein Leben, das
immer von ganz anderer Beschaffenheit ist als das bislang
bekannte Leben. Diese aus tatsächlicher eigener Erfahrung
gewonnene Vertrautheit mit dem Überschreiten von Schwellen
wird damit zum sicheren Grund, auf dem der einzelne stehen
kann, wenn er die letzte Schwelle überschreiten muß.

Wenn sich das, was die Seele quält, daraus ergibt, daß wir
von den tiefsten Schichten unserer selbst abgeschnitten sind,
liefert uns die Weisheit dieser anderen Kulturen einen Hinweis
darauf, wie wertvoll es ist, einen rituellen Weg dafür zu finden,
von der Oberfläche aus in die Tiefenschichten unserer Erfahrung vorzudringen und mit der eigenen Tiefe vertraut zu werden. Jede/r von uns muß den ganz eigenen Weg dazu finden. Für den einen besteht er vielleicht darin, die Sprache der
Träume seiner Seele zu erlernen und sich psychotherapeutisch

auf seine Tiefen einzulassen, während das für die andere bedeuten kann, daß sie sich ihr Leben lang an eine bestimmte spirituelle Disziplin oder eine Kunst hält oder daß sie mit ihrem Körper auf eine Weise zusammenarbeitet, die seine Weisheit und seine Verwandtschaft mit der Seele anerkennt.

Bei vielen Menschen sieht der Weg in die Tiefe weniger formell aus; es geht bei ihnen eher um die Frage, wie sie das, was ihnen das Leben tagtäglich an Überfülle von Ereignissen bietet, einschätzen und wie sie damit umgehen. Folglich müssen sie bestimmte Situationen als Möglichkeit erkennen, sich auf die Initiation in tiefere Dimensionen bewußt und aktiv einzulassen. Danah Zohar beschreibt einen derartigen Augenblick in ihrem Buch *The Quantum Self*:

Während der Schwangerschaft mit meinem ersten Kind und noch einige Monate nach seiner Geburt machte ich die Erfahrung einer für mich ganz neuen Art des Daseins. In vieler Hinsicht verlor ich das Gefühl meiner selbst als Individuum, und an seine Stelle trat das Empfinden, ich selbst sei Teil eines viel größeren und ständig fortschreitenden Prozesses.

Zunächst weiteten sich die Grenzen meines Körpers nach innen, um das neue Leben, das in mir wuchs, aufzunehmen und mit ihm eins zu werden. Ich fühlte mich vollständig und selbstzufrieden, als Mikrokosmos, in dessen Schoß sich *alles* Leben entfaltete. Danach weiteten sich diese Grenzen auch nach außen, um die Leibesform meines Kindes zu umfangen. Mein Körper und mein Selbst waren dazu da, eine Quelle des Lebens und der Nährung zu sein, meine Rhythmen waren die eines anderen Wesens, meine Sinne wurden eins mit denen meines Kindes und dadurch mit denjenigen anderer Menschen in meiner Umgebung.

Während aller dieser Monate empfand ich mein „Ich" als etwas sehr Vages, etwas, auf das ich mich nicht konzentrieren und das ich nicht festhalten konnte, und trotzdem spürte ich, daß ich mich in alle Richtungen hin ausweitete, nach rückwärts in das „vor der Zeit" und nach vorne in das „alle

Zeit", nach innen zu allen Möglichkeiten hin und nach
außen zu allem Dasein.

Ich sagte damals im Spaß immer, ich hätte mein „parti-
kuläres Sein" verloren, und mein Mann meinte dazu, ich
projizierte mich in das Kind hinein. Freud würde das als
„ozeanisches Gefühl" bezeichnet haben. Was es nun auch
gewesen sein mochte, es war zugleich beunruhigend und er-
heiternd, und dank dieses Gefühls verlor ich meine große
Angst vor dem Tod, die ich bislang immer gehabt hatte.

Für Zohar bedeutete die Schwangerschaft das Lebensereignis,
das sie zu ihrer eigenen Tiefe hinführte; anderen Menschen
wird diese Dimension vielleicht durch etwas ganz anderes
erschlossen. Bei vielen wird dabei keine dramatische Offen-
barung stattfinden, sondern es wird ein fortschreitender Prozeß
sein. Sie vollziehen einfach ihr ganzes Leben lang immer wieder in ganz unterschiedlichen Formen und Weisen den Übergang vom Vertrauten und Bekannten zum Unvertrauten und
Unbekannten, nicht ohne Angst, aber mit einem festen Glauben ans Leben, der im Laufe der vorausgegangenen Übergänge
gereift ist. Danah Zohars Bericht zeigt deutlich, daß das, worauf es in einer solchen Zeit ankommt, der bewußte Entschluß
zum Vertrauen und zum genauen Achten auf die Erfahrung ist,
die sich im Laufe dieses Ereignisses einstellt. Sie beschreibt
auch die möglichen Früchte einer solchen Disziplin: ein neues
Leben und das Wegfallen der Angst.

Es besteht die Gefahr, hier in einen Befehlston zu verfallen
oder die Tiefe als eine Art Neuland darzustellen, das sich das
Ich kolonisieren soll. Letztlich scheint es weniger auf den genauen Weg dorthin anzukommen, den wir wählen, als auf
unsere innere Einstellung zu dieser Wirklichkeit. Es geht nicht
einfach nur darum, sich in die Tiefe zu begeben. Das ereignet
sich ohnehin mehrmals täglich, zum Beispiel in den Augenblicken, in denen wir ins Phantasieren oder Tagträumen verfallen, und jede Nacht, wenn wir die Welt unserer Träume betreten. Hier geht es darum, dies bewußt zu tun, sich darüber
im klaren zu sein, daß dieser Übergang eine rituelle Seite hat,

sowie darüber, wie wir die daraus sich ergebenden Erfahrungen einschätzen und mit ihnen umgehen. Entscheidend ist, daß wir die richtige Beziehung zur Tiefe bekommen.

Auf diesem Gebiet müssen wir viel von Stammeskulturen lernen, die ihren lebendigen Kontakt zur Seele unserer Welt noch nicht verloren haben. Für die australischen Aborigines ist die Natur selbst eine von den Geistern und Formen der Traumzeit bevölkerte Traumlandschaft und wird von diesen im Dasein erhalten. Die Aufgabe der Menschen besteht darin, sich in diesen größeren Kontext auf angemessene Weise einzufügen. Wer seinen Platz findet, ist ins Ganze einbezogen; er kann sein Lied singen, und der Traum kann weitergehen. Wenn auch wir bereitwillig annehmen, daß die Tiefen eine autonome Wirklichkeit sind und uns wahrscheinlich etwas zu lehren haben, dann, so glaube ich, leben wir in dieser „angemessenen Beziehung", und die Tiefe wird uns Antwort geben. Von da an werden wir zum Zeugen und Lehrling, und die Tiefe wird zum Lehrer. In dem Maß, wie wir die Tiefen „an uns wirken" lassen, werden auch wir von den Ockerfarben der Initiation geprägt, und unsere Seele erzählt uns neue und doch seltsam vertraute Geschichten.

Besteht die erste Gefahr darin, in den Ton des Vorschriftenmachens zu verfallen, so ist die andere, das, worum es hier geht, als ganz leicht machbar erscheinen zu lassen. Wir haben bei den Geschichten einzelner Menschen gesehen, wie der Prozeß der tief inneren Heilung bei denen, die kurz vor dem Sterben sind, beschleunigt werden kann. Es scheint jedoch, daß das bei denjenigen unter uns, die sich entscheiden, sich freiwillig auf diese Suche zu begeben und das zu einem früheren Zeitpunkt ihrer Lebensgeschichte tun, nicht so verläuft. Vermutlich muß man sich dieser Aufgabe sein Leben lang und unter großem Einsatz verschreiben, und man muß auf viele Fehlstarts und Enttäuschungen gefaßt sein. Was könnte uns wohl motivieren, dennoch hartnäckig an einem derart fruchtlos scheinenden Unternehmen festzuhalten? Es ist ein gefühlsmäßiges Wissen, das leise ist wie der Grund, auf dem wir gehen: das Wissen, daß dies der Weg mitten durch das Herz des Lebens selbst ist. Worin immer unser Lebenswerk im mate-

riellen Sinn bestehen mag, diese Reise in die Tiefe, diese Beziehung zur Seele ist unser Leben lang unser inneres Werk.

Es gibt noch andere Gefahren, die auf der Reise in die Tiefe
als solcher lauern. C. G. Jung hat das so formuliert: „Es gibt
Menschen, die graben nach einem artesischen Brunnen und
stoßen stattdessen auf einen Vulkan." Die Tiefe birgt zwar
Reichtümer, Schätze und das Potential zur Heilung, aber wir
dürfen nicht vergessen, daß es sich dabei um einen Bereich von
Energien handelt, die in ihren tieferen Schichten unauslotbar
sind. Die Landkarten, die wir eventuell von der Unterwelt
haben, sind im besten Fall grobe Skizzen. Es besteht die Gefahr, daß man sich in diesen Zonen verirrt, von ihren Un-
geheuern verschlungen oder von ihren Energien besessen wird,
kurz: Man mag ganz gut in die Tiefen hineinkommen, aber
womöglich findet man den Weg aus ihnen heraus nicht mehr.
Besonders groß sind die Risiken, vom tiefen oder unbewußten
Geist überwältigt zu werden, für diejenigen, die diesem uralten
Ort der Kraft nicht die gebührende Ehrfurcht erweisen, zum
Beispiel indem sie sein Dasein rundweg leugnen oder sich
allzu naiv aufmachen, um ihn ganz allein zu erkunden. Am
geringsten sind die Risiken für diejenigen, die sich bewußt und
in Ehrfurcht auf den Weg machen und das wie die Initianden
der Aborigines in Begleitung eines älteren Führers tun, also
eines Menschen, der den Weg kennt, weil er ihn selbst schon
gegangen ist.

Verwundete Heiler

Im Anfangsteil dieses Buches habe ich den Chiron-Mythos als
Erklärungsmodell dafür vorgestellt, wie der sterbende Mensch
seinen Weg in die Tiefe antritt. Diese Geschichte hat uns aber
auch etwas Wesentliches über unseren eigenen individuellen
Weg bis zur Tiefe und über die Natur der heilenden Beziehung
zu sagen.

Der Chiron-Mythos schließt damit, daß der verwandelte
Zentaur unsterblich und als Sternbild an den Himmel erhoben

wird. Damit soll mit anderen Worten gesagt werden, daß die im Herzen dieses Mythos liegende Dynamik ewig gegenwärtig ist und auf uns wartet, aber normalerweise außerhalb unserer Reichweite liegt. Es ist, als bedürfe es der unheilbaren Wunden des Lebens, der Verletzungen, die nicht mehr zu heilen sind, um die Dynamik des Chiron-Mythos in unserer eigenen Seele freizusetzen, das heißt, ihre heilende Kraft auch in unserem Leben zu aktivieren. Außerdem deutet er an, daß sich unser individueller Weg in die Tiefe nicht nur dort erschließt, wo wir ihn am wenigsten erwartet hätten. Mehr noch: Dieser Weg hat zudem sozusagen untrennbar mit jener inneren psychischen Wunde zu tun, die einzig und allein die unsere und letztlich unheilbar ist. Der Chiron-Mythos erinnert uns daran, daß genau das Leiden, das wir fliehen, das Tor, die Straße und der Führer hin zur Heilkraft unserer eigenen Tiefe sein könnte. Ich will versuchen, das, was ich damit meine, deutlicher zu machen, indem ich einiges aus meiner eigenen Geschichte erzähle.

Wie Chiron bin auch ich so aufgewachsen, daß ich das, was ich oben als die Werte der „unteren Hälfte" bezeichnet habe, nicht gekannt oder abgewertet habe: Körper, Instinkt, Gefühl und Phantasie. Was für mich zählte, waren das intellektuelle Leben und eine Art körperloser Spiritualität. Als Medizinstudent gelangte ich eines Tages in die Nähe eines Sterbenden. Nachdem ich bei ihm einige Zeit verbracht hatte, fühlte ich mich seltsam getröstet und merkte im Laufe der Zeit, daß ich mich eigenartig stark zu einem Beruf hingezogen fühlte, der mich in enge Beziehung zu Menschen, die bald sterben mußten, bringen würde. Es schien, dieser Wunsch, diese Sehnsucht wurde von solchen Kontakten sowohl gestillt als auch immer wieder verstärkt. Ich begann festzustellen – wenn man das überhaupt so sagen darf –, daß das Sterben diese Menschen realer werden ließ, menschlicher; und wenn ich ihnen nahe war, fühlte ich mehr Leben in mir als sonst.

Im Laufe der Jahre habe ich mir Zeit genommen, um darüber genauer nachzudenken. Das brachte mich auf den Weg meiner eigenen inneren Reise und führte mich zu den Begegnungen und Einsichten, die ich in diesem Buch beschreibe. Es versetzte mich in die Lage, den quälenden inneren Schmerz in anderen zu erkennen; denn nach vielen Jahren des Exils aus meiner eigenen Seele war mir diese Form des Leidens nur allzu vertraut. Es hat mir zu der Einsicht verholfen, daß der Sterbeprozeß als solcher dem Menschen in die Tiefe hineinhilft und daß die Beseelung, aus der diese Heilung besteht, von der Art ist, daß auch ich als ein Dabeistehender sie erfahren kann.

Wer also ist bei diesen Begegnungen der Heiler, und wer ist der Verwundete? Wir müssen erkennen, daß die Geschichte Chirons unsere eigene Geschichte ist. Wenn wir uns auf den anderen Menschen einlassen, der im Sterben liegt, und wenn wir diesem Menschen helfen, zur Tiefe vorzustoßen, lassen wir uns zugleich auf den ein, der in den Tiefen unseres eigenen Wesens tödlich verletzt ist und leidet. In diesem Augenblick sind wir dann nicht mehr in der Rolle des altruistischen Helden, der einem armen Opfer hilft. Wir und der andere Mensch sind gleichermaßen Verwundete; wir suchen beide nach Heilung. Und bei dieser Hinkehr und diesem Uns-Einlassen werden wir genauso zum verwundeten Heiler unserer selbst, wie wir zum verwundeten Heiler des anderen werden. Solange wir diese innere Dynamik, die sich auf uns selbst bezieht, nicht erkennen, glauben wir entweder irrtümlicherweise weiterhin, daß wir als die Betreuenden immer die Lösungen für die Probleme anderer Menschen parat haben, oder wir suchen als Patienten in endlosem Umherschweifen unablässig nach dem Menschen oder dem Hilfsmittel „da draußen", der bzw. das uns endgültig alle unsere Schmerzen nehmen kann. Das Tragische daran ist, daß wir nie lange genug stehen bleiben, um zu erkennen, daß der Weg zu der von uns ersehnten Heilung in Wirklichkeit auf uns wartet und immer so nahe vor uns liegt, wie wir uns selbst nahe sind.

Wir sterben mit den Sterbenden:
Schau, sie gehen, und wir gehen mit ihnen.
Wir werden geboren mit den Toten:
Schau, sie kehren wieder, und sie bringen uns mit.
T. S. Eliot

Bau dein eigenes Totenschiff!

D. H. Lawrence war nach Jahren des inneren Reisens mit den Tiefen der Seele vertraut. Als demütig gewordener Lehrling schrieb er schließlich:

Es gibt das andere Universum, das im Herzen des Menschen.
Davon wissen wir nichts, wagen es nicht zu erforschen.

Ein fremde, graue Weite trennt noch
unsern fahlen Geist vom pulsierenden Kontinent
des menschlichen Herzens.

Es sind noch kaum Vorboten an seinem Ufer gelandet,
und kein Mann, keine Frau kennt wirklich
das Geheimnis des Innern,
wenn dunkler noch als Kongo und Amazonas
die Ströme von Fülle, Sehnsucht und Leid die Herzen
durchziehen.

Drei Jahre vor seinem Tod, im April 1927, besuchte Lawrence in Italien etruskische Grabstätten. In seinem Buch *Etruscan Places* erzählt er von seinem Abstieg in diese schwarzen Begräbnishöhlen zusammen mit einem Freund und einem Führer. Er beschreibt den Vorgang des Betretens dieser Höhlen als eine Art symbolischen Sterbens, und er schildert, wie er im Grab eines etruskischen Lucumo oder Prinzen unter den heiligen Schätzen des Toten ein „kleines bronzenes Totenschiff sah, das ihn in die andere Welt hinübertragen sollte". Dieses kleine bronzene Totenschiff sollte zum zentralen Bild eines seiner letzten Gedichte werden. Lawrence schrieb dieses Gedicht kurz bevor er in Südfrankreich seiner Tuberkuloseerkrankung erlag:

Wir gleiten ins Sterben, wir gleiten ins Sterben. Uns bleibt nur,
willig zu sterben und am Schiff des Todes zu bauen,
das unsere Seele trägt auf ihrer längsten Reise.

Was Lawrence als „am Schiff des Todes bauen" und Hillman als „soul-making" („Seele entwickeln") bezeichnet, wird im Osten beschrieben als das Ausbilden des „feinstofflichen" oder „diamantenen Körpers". Alle diese Metaphern umschreiben die Aufgabe, die ich Tiefenarbeit genannt habe, und in ihnen schwingt die Vorstellung mit, daß es dabei um weit mehr gehe, als schon im Leben sein Sterben einzuüben. Sein Totenschiff kann man nur aus seelischem Material bauen, und um über solches zu verfügen, muß man immer und immer wieder hinabsteigen und, indem man das tut, immer besser mit dem Aufenthalt in der Finsternis vertraut werden. Wer diese Aufgabe erfüllt, hat jedoch nicht nur weniger Angst vor dem Dunkel, sondern verfügt auch über ein „Totenschiff". Er hat ein kleines Schifflein, das jenen Anteil seiner selbst, der nicht stirbt, auf die Wasser eines unbekannten Ozeans hinauszutragen vermag:

O, wenn ihr in Frieden auf dem Angesicht der Erde
leben wollt,
dann baut an eurem Totenschiff, und seid bereit
für eure längste Reise über das letzte aller Meere.

Aus den Beschreibungen von Lawrences eigenem Tod wissen wir, daß er in seinen letzten Wochen unter starken körperlichen Schmerzen zu leiden hatte. Sie quälten ihn sehr, und dazu litt er unter starker Atemnot. Aber er lehnte es bis wenige Stunden vor seinem Tod ab, sich zur Linderung dieser Symptome Morphin geben zu lassen. Kurz bevor er starb, überkam ihn große Angst; er äußerte, er wisse nicht mehr, wo er sei, und rief um Hilfe. „Könnte ich wenigstens schwitzen", sagte er, „dann wäre mir schon besser." Frieda, seine Geliebte, saß zu Füßen seines Bettes und umfaßte mit ihren Händen seine Fußknöchel. Daraufhin beruhigte er sich und wurde still. Es war, als komme er dank dieser Geste heim. Seine letzten Worte waren: „Jetzt geht es mir besser."

Wie weit wird jedem von uns die Tiefenarbeit helfen, wenn es ans Sterben geht? Ich weiß es nicht. Inwiefern hat es Lawrence bei und in seinem Sterben geholfen, daß er zuvor an seinem eigenen Totenschiff gebaut hatte? Ich weiß es nicht. Doch verstumme ich über dieser Frage, wenn ich das Echo seines Sterbens aus den Zeilen zweier seiner Gedichte höre; vom zweiten nimmt man an, es seien die letzten Zeilen, die er je geschrieben hat:

Wer streicht mir da mein Laken glatt wie der kühle
sanfte Ozean, wo die Fische an den Ufern ruhen
in ihrem eignen Traum?

Wer drückt und knetet meine nackten Füße, bis sie sich
entfalten,
bis alles gut wird, alles, alles gut? Die Lotus-Lilien der Füße!

Ich sage euch, keine Frau ist es, kein Mann, denn ich bin
ganz allein.
Und ich versinke in den Schlaf, zusammen mit den Göttern,
den Göttern,
die nicht sind, oder sind,
so, wie die Seele sie ersehnt,
wie ein Teich, in den wir tauchen, oder auch nicht tauchen.

* * *

Legt mir den Mond unter die Füße!
Stellt meine Füße auf den Mond, der zunimmt, herrscherlich!
O laßt meine Knöchel sich im Mondlicht baden, daß ich
gehen kann
sicher und mondbeschuht, kühl und leuchtend-füßig
bis an mein Ziel.

Der Chiron-Mythos

Chiron war der Sohn des olympischen Gottes Kronos und der irdischen Nymphe Philyra. Kronos begegnete Philyra das erste Mal in Thessalien, als er auf der Suche nach seinem neugeborenen Sohn Zeus war, den seine Frau Rhea vor ihm versteckt hielt, weil sie es nicht länger ertragen konnte, daß er immer wieder ihre Sprößlinge auffraß. Philyra versuchte, dem Kronos zu entkommen, der sie leidenschaftlich verfolgte, und verwandelte sich zu diesem Zweck in eine Stute. Doch Kronos überlistete sie, indem er sich seinerseits in einen Hengst verwandelte. So gelang es ihm, sie zu begatten.

Aus dieser Vereinigung gebar Philyra dann ein Kind. Das war der Zentaur Chiron, der den Körper und die Beine eines Pferdes und Rumpf, Arme und Kopf eines Mannes hatte. Als Philyra das kleine Geschöpf sah, das an ihrer Brust saugen wollte, erfüllte sie großer Abscheu. Sie flehte darum, in irgend etwas anderes verwandelt zu werden, ganz gleich in was. Die Götter gewährten ihr diese Gunst und verwandelten sie in einen Lindenbaum. Auf diese Weise blieb Chiron als Waise zurück.

Später wurde Chiron von Apollo gefunden, der ihn in seine Obhut nahm und sein Ziehvater wurde. Apollo war der Gott der Musik, der Prophetie, Poesie und der Heilkunst, ein hehres Vorbild der Jugend, Schönheit, Weisheit und Gerechtigkeit. Chiron sah in Apollo sein Ideal, der ihn seinerseits in allen seinen Künsten unterwies.

So erlangte Chiron den Ruf eines weisen Mannes, Propheten, Arztes, Lehrers und Musikers. Seiner Verantwortung unterstanden auch die ungehobelten Zentauren und verschiedene kleine Königreiche in Nordgriechenland. Die Könige der Gegend vertrauten ihm ihre Söhne an, damit er sie ins Mannsein einführe und in den Künsten der Menschenführung unterweise.

So wurde er zum Lehrer vieler berühmter griechischer Helden, wie zum Beispiel des Jason, Achilles, Herakles und Äskulap. Sein Unterrichtsplan war breit gefächert und umfaßte Reiten, Bogenschießen und Jagen sowie die Künste der Kriegsführung und Medizin, Ethik, Musik und Naturwissenschaft.

Eines Tages luden die Zentauren Herakles zu einem Festmahl ein. Einige von ihnen wurden dabei ausfällig, und Herakles begann mit ihnen eine Schlägerei. Schließlich stoben die Zentauren in wilder Flucht nach allen Seiten davon, und einer der Pfeile des Herakles, der mit dem Blut der Hydra vergiftet war, zischte durch die Luft und bohrte sich zitternd ins Knie Chirons. Weil Chiron ein Halbgott war, starb er an diesem Giftpfeil nicht. Statt dessen versetzte er ihm eine tödliche, unheilbare Wunde. Herakles bereute dieses Unrecht gegenüber seinem früheren Lehrer und zog ihm den Pfeil heraus. Chiron besorgte sich zwar alle erdenklichen Heilkräuter zur Behandlung seiner Wunde, aber sie halfen alle nichts. So zog sich Chiron stöhnend vor Schmerz in seine Höhle zurück.

Chiron litt sein weiteres langes Leben hindurch ständig Todesqualen von dieser Wunde. Er suchte weiterhin nach einem Heilmittel dafür, und obwohl ihm dabei kein Erfolg beschieden war, nahm sein Wissen um die Heilkräfte der Pflanzen immer mehr zu, und sein Einfühlungsvermögen in das Leiden anderer wurde immer größer. Obwohl er sich selbst nicht heilen konnte, wurde Chiron immer mehr zum Helfer für andere. Auf diese Weise wurde er bekannt als „der verwundete Heiler".

Eines Tages gelangte Herakles auf einer seiner Reisen in die Berge des Kaukasus. Dort begegnete er dem Prometheus, der von Zeus an einen Felsen geschmiedet worden war, zur Strafe dafür, daß er ihn verspottet und vom Berg Olymp das Feuer gestohlen hatte. Jeden Tag kam ein Greif geflogen, ein riesiger geierartiger Vogel, und fraß dem Prometheus die Leber aus dem Leib, die jede Nacht wieder nachwuchs, so daß der Kreislauf endloser Qual nie mehr aufhörte. Zeus hatte bestimmt, daß Prometheus nur dann erlöst werden könne, wenn sich ein Unsterblicher freiwillig dazu bereit erkläre, an seiner Stelle in den Tartarus zu gehen und somit seine Unsterblichkeit aufzugeben.

Herakles legte für Chiron Fürsprache ein, und Zeus stimmte dem Austausch zu, falls Chiron dazu bereit sei.

Als Chiron den Platz des Prometheus einnahm, starb er und stieg in den Tartarus hinab, wo er neun Tage verbrachte. Dann erbarmte sich Zeus des Chiron und schenkte ihm eine neue Unsterblichkeit, indem er ihn zum Sternbild des Zentauren erhob. Herakles rief den Apollo an und schoß den Greif mitten durchs Herz.[5]

Eine Deutung des Chiron-Mythos als Verwundetwerden, Kämpfen, Entscheidung, Abstieg und Wiederkehr

Das Verwundetwerden

Chirons Mutter, eine Nymphe namens Philyra, war sterblich, während sein Vater Kronos einer der Götter war. Weil er gezeugt wurde, als seine beiden Eltern die Gestalt von Pferden angenommen hatten, kam er als Zentaur zur Welt, mit dem Kopf und Rumpf eines Menschen und dem Leib eines Pferdes. Das neugeborene Geschöpf wurde von Vater und Mutter verlassen, jedoch vom Sonnengott Apollo adoptiert, der es versorgte und ihm viele Künste beibrachte. Chiron wurde ein weiser und geachteter Lehrer, und unter seinen Schülern waren viele spätere griechische Helden. Eines Tages wurde er mitten in einer Keilerei nach einem Trinkgelage von einem Giftpfeil am Bein verwundet, den einer seiner Musterschüler, Herakles, abgeschossen hatte.

Die Primärwunde

Chirons Primärwunde entstand dadurch, daß ihn kurz nach seiner Geburt seine beiden Eltern verließen. Diese Erfahrung hinterließ bei ihm eine tiefe, wenn auch unsichtbare Verlet-

---

[5] Frei nach *Chiron And The Healing Journey*, mit freundlicher Erlaubnis von Melanie Reinhart.

zung. Sein Pflegevater Apollo war bekannt wegen seiner strahlenden Heiterkeit, seiner tätigen Energie, seines scharfen Verstandes und seiner Kenntnis vieler Überlebenskünste. Unter Apollos Obhut und Ermutigung lernte Chiron Musikinstrumente spielen, begann Gedichte zu schreiben, wurde in den Künsten der Weissagung, des Krieges und der Medizin unterwiesen, und gleichzeitig lernte er es auch, die Sterne zu deuten und ein hervorragender Bogenschütze und Jäger zu werden. Es war, als hätte der Sonnengott Chirons unsterblichen Funken erkannt und ihn zur mächtigen Flamme entfacht. Außerdem wird erzählt, daß Chiron in dieser Zeit die Heilkraft vieler Pflanzen entdeckt habe. Es dauerte nicht lange, und seine große Weisheit und seine zahlreichen Künste waren in ganz Griechenland berühmt, so daß ihm viele reiche und mächtige Könige ihre kostbaren Söhne anvertrauten, damit er sie erziehe und in die Mysterien des Mannseins einweihe.

Das Positive an all dem ist überdeutlich. Chiron war ein hochintelligenter, weiser und gerechter Lehrer, und einige seiner Schüler sollten Griechenlands größte Helden werden. Außerdem sieht man an Chirons Erfolg, daß er seine Primärwunde vergessen hatte. Das Erlebnis seiner Verwerfung als Kind ließ er weit hinter und unter sich, als er sich in immer höher strebende Spiralen der Aktivität hineinsteigerte. Das bedeutete gleichzeitig, daß er seine „untere Hälfte" völlig verdrängte. Weil sie der Grund dafür gewesen war, daß Chiron bei seiner Geburt von seinen Eltern verworfen worden war, wundert es nicht, daß er sich von diesem Teil seiner selbst abschnitt und sich so verhielt, als existiere dieser überhaupt nicht. Aber nicht nur Chiron verdrängte eine ganze Hälfte seines Wesens. Apollo war bei dieser Veränderung mitbeteiligt. Er förderte einseitig die „obere Hälfte" seines Pflegesohnes, die Hälfte, die seine eigene himmelsgöttliche Schönheit widerspiegelte. Das einzige Anzeichen dafür, daß diese Abspaltung doch nicht ganz vollständig war, findet sich in der Aussage, daß Chiron zu dieser Zeit auch die Heilkräfte bestimmter Kräuter und Pflanzen entdeckt habe. Das war keine intellektuelle, rationale oder wissenschaftliche Entdeckung, sondern das Ergebnis

einer Art von halbwachem Wirken der instinktmäßigen, ani-
malischen Natur des Chiron.

Chirons primäre Verwundung teilen wir alle. Sie bedeutet
den Augenblick des Verrats, der uns unsere Unschuld verlieren
läßt, jenen traumatischen Augenblick des Bruches, wenn wir
zum ersten Mal entdecken, daß wir in einer unvollkommenen
Welt leben. Wie immer die individuellen Umstände beschaffen
sein mögen, ein solcher Augenblick kommt unvermeidlich bei
jedem. Der äußere Anlaß dafür kann bei manchen Menschen
schrecklich und ausdrücklich sein, bei anderen dagegen ist er
subtil und unmerklich. In jedem Fall bedeutet er einen Schock,
und wenn die Schutzhülle der Unschuld platzt, greift die Verletzung bis in den innersten Kern hinein.

Die tödliche Wunde

Als Erwachsener wurde Chiron zum zweiten Mal verwundet.
Anders als die erste Verwundung, die emotionaler Art war, war
die zweite Verwundung physischer Natur. Genauer: Vom Pfeil
des Herakles heißt es, er habe die untere Hälfte seines Leibes,
sein Knie getroffen. Das Leiden, das Chiron infolgedessen ertragen mußte, war entsetzlich. Das Gift des Pfeiles, das stark
genug war, jeden Sterblichen unverzüglich zu töten, schmerzte
und schwärte unablässig in der Wunde. Wäre Chiron ein ein-
facher Sterblicher gewesen, so hätte alsbald der Tod die Erlösung von seinem Leiden gebracht. Da er jedoch zur Hälfte
unsterblich war, konnte er nicht sterben, sondern saß unent-
rinnbar im Gefängnis einer unheilbaren Wunde.

Diese tödliche Wunde lenkte Chirons widerstrebende Aufmerksamkeit auf seine untere Körperhälfte. Im Gegensatz zu
seiner oberen Hälfte, die Seiten seiner selbst offenbarte, die er
mochte und auf die er stolz war, konfrontierte ihn seine untere
Hälfte mit Seiten seiner Natur, vor denen er eine tiefsitzende
Angst verspürte und die er mit Erfolg verdrängt hatte. Als er
sich die klaffende Wunde anschaute, sah er, als wäre es das
erste Mal, etwas, das er sein Leben lang mit Erfolg gemieden
hatte – seinen Körper: den haarigen, riechenden, schwitzenden

Körper eines Pferdes. Damit wurde seine primäre Wunde wieder aufgerissen. In diesem Augenblick sah er sich gleichsam mit den Augen seiner Mutter, und das wirkte wie Salz in einer Wunde und verstärkte seine Qualen.

Beide Eltern Chirons hatten zur Zeit seiner Zeugung die Gestalt von Pferden. Damit ist ausgedrückt, daß sein Pferdekörper der Inbegriff all dessen an ihm war, was mit Körperlichkeit, Sexualität und Ungezähmtem zu tun hatte. Zentauren waren berüchtigt dafür, daß sie ein zerstörerisches, unbeherrschtes Wesen besaßen, vor allem, wenn sie Wein getrunken hatten. In solchen Augenblicken war es, als gehe ihr tierischer Anteil – buchstäblich „der Gaul" – mit ihnen durch und verheere alles. Chiron war es besonders gut gelungen, lange Zeit so zu leben, als gebe es diesen Teil seiner selbst gar nicht.

Chirons untere Hälfte, sein Pferdeleib, stellt die instinktive und spontane Seite unserer Natur dar, die im Kleinkind noch ungebändigt ist. Wenn wir ins „Vernunftalter" kommen, wird dieser Teil unserer selbst gefesselt, geknebelt und in die Finsternis des unbewußten Geistes weggesperrt, zusammen mit anderen Teilen unserer selbst, von denen wir das Gefühl haben, sie seien für die Menschen unserer Umgebung nicht akzeptabel. Doch diese Lösung, die kurzfristig ganz gut funktionieren mag, erweist sich aus einer Reihe von Gründen als mangelhaft. Was immer man in seiner Psyche unterdrückt, wird lebendig begraben. Im Laufe der Zeit regrediert es, wird haarig und schreckenerregend, und folglich mögen wir es immer weniger und haben Angst davor. Bald sucht dann diese weggesperrte Seite unserer selbst nach Ausbruchsmöglichkeiten. Sie beginnt, durch unsere Angstträume zu geistern, entschlüpft uns mitten in einer hitzigen Diskussion unbemerkt als gnadenloser Spruch oder bricht, wie bei den Zentauren, in Form alkoholisierter Gewalttätigkeit aus. Sie kann sich auch als körperliches Symptom oder als Krankheit somatisieren. Die Strategie, ungeliebte Teile unserer selbst zu verdrängen, ist zwar verständlich, aber sie birgt auch ein großes Gefährdungspotential in sich, sowohl für uns wie für andere. Darüber hinaus kann das Verdrängen kurzsichtig sein und eine Vergeudung darstellen. Es geht von der Annahme aus, daß diese ungezähmten Teile unserer selbst ganz und gar negativ und gefährlich sind und uns nichts Konstruktives zu bieten haben. Diese Unterstellung ermutigt uns dazu, uns einer Seite unserer selbst zu entfremden, die uns etwas äußerst Wertvolles schenken und lehren könnte.

Indem er seine untere Hälfte leugnete, schnitt sich Chiron von einem tiefen und unerkannten Potential ab. Dessen Leugnung bedeutet eine Zurückweisung des Körpers und der Seele. Bis zu diesem Zeitpunkt hatte Chiron seinem Körper keinerlei Beachtung geschenkt. Er kannte zwar seinen Wert als Gestell, das ihn umhertragen konnte, doch im übrigen sah er mehr seine Begrenzungen, sein Bedürfnis, gefüttert zu werden und auszuruhen und seine Unfähigkeit, mit seinem unermüdlich umherfliegenden Intellekt mithalten zu können. Chiron benützte zwar seinen Körper, betrachtete ihn aber nicht als wertvolle Quelle. Er verkannte die Qualität seines Körpers als weise Materie, als Verbindungsglied mit den Tiefen und Schätzen der Erde. Er sah seinen Körper nicht als Lehrer und auch nicht als inkarnierte Seele. Und indem er seinen Körper verschmähte, verkannte er auch seine Seele, seine Psyche, seine Anima, also das in uns, was wir mittels unserer Gefühle wahrnehmen, mittels unserer Fähigkeiten zum Phantasieren, Träumen und symbolischen Erfassen, sowie mit Hilfe der assoziativen und intuitiven Seiten unseres Geistes. Chiron sah nicht, daß er seinen ganzen Daseinsgrund verleugnete, indem er seine untere Hälfte verkannte. Dadurch blieb er blind für die Einsicht, daß in der dunklen Erde dieses Grundes, gar nicht weit unter der Oberfläche, eine unermeßliche, unberührte Ader goldenen Erzes ruhte.

Doch jetzt wurde Chiron auf dieselbe Weise, wie ihn seine obere Hälfte und sein Intellekt mit seiner Unsterblichkeit verbanden, durch seinen Tierleib auch mit jenem Teil seiner selbst verbunden, den er vielleicht mehr als alles andere fürchtete, nämlich mit seiner Sterblichkeit. Auch Chiron hatte eine sterbliche Seite, aber wie wir alle zog er es vor, auf das in sich zu hören, das ihm sagte, er werde für immer leben.

Für einen Sterblichen wäre die Wunde tödlich gewesen; doch Chiron starb nicht daran, da er ein Halbgott war; statt dessen war er zu einem qualvollen Dasein zwischen Leben und Sterben verurteilt. Er suchte nach Linderung seiner Schmerzen, indem er unzählige verschiedene Heilkräuter ausprobierte. Im Laufe dieses Bemühens erlangte er zwar Weisheit im Gebrauch von Heilkräutern, aber für sich selber erzielten alle seine Anstrengungen keinen Erfolg. Wegen seiner Wunde und wegen der Großzügigkeit, mit der er seine Weisheit anderen zugute kommen ließ, wurde er berühmt als „der verwundete Heiler".

Seine tödliche Wunde lenkte Chirons Aufmerksamkeit auf seine untere Hälfte, und zugleich wirkte sie sich auch auf sein Verhalten und seine Lebensart aus. Zunächst reagierte er mit jener Mischung aus Leugnung und Überaktivität, die ihm bislang so gut geholfen hatte. Da bislang jedes Problem für ihn ein Ansporn gewesen war, der ihn zu immer größeren Leistungen angetrieben und auf immer weitere Höhen geführt hatte, machte er sich auch jetzt voll Zuversicht auf die Suche nach einer Heilmöglichkeit. Er versuchte dieses Heilmittel und jenen Arzneitrank und bemühte sich weit und breit um Rat und Hilfe, aber alles blieb vergeblich. Die Erfolglosigkeit seiner Bemühungen konnte er nicht akzeptieren, und so suchte er nicht zuletzt wegen seiner starken Schmerzen Tag und Nacht unermüdlich nach dem ihm immer noch unbekannten Heilmittel.

Im Laufe dieser Zeit veränderte sich sein Leben. Wegen seines verletzten Beines konnte er nicht weit über Land reisen. Statt dessen lief er auf dem Berg, wo er wohnte, oder allein in seiner Höhle ruhelos hin und her. Doch seine Pein nahm nicht ab, und wann immer er konnte, suchte er weiter nach einer Heilmöglichkeit. Unterstützt von seiner Tochter Thetis hinkte er über die benachbarten Hügel und lernte nach und nach die Heilwirkung jeder Pflanze und jedes Krauts kennen. Waren früher die reichen Söhne der Könige zu ihm gekommen, um sich von ihm unterrichten zu lassen, so kamen zu seiner Höhle jetzt die Kranken, die Lahmen und die Blinden. Sie merkten, daß er ein weiser Mensch war, erfuhren, daß er sich Zeit zum Zuhören nahm und über ein wunderbares Wissen über heilende Arzneien verfügte; vor allem aber schien er ihre Leiden mit einem außergewöhnlichen Einfühlungsvermögen zu verstehen. Wenn sie sahen, wie sehr er selbst litt, fragten sie sich verwundert, warum er nicht imstande sei, auch sich selbst zu helfen.

Chirons Ringen bestand in dem zunehmend verzweifelten Versuch, einen Ausweg aus seinem Gefängnis der Schmerzen und des Leidens zu finden. Gleichzeitig war es auch ein Ankämpfen gegen die Richtung, in die ihn seine Wunde zog, nämlich zu seiner verachteten und angstbesetzten unteren Hälfte hin und auf das völlig unbekannte Gebiet seiner eigenen Sterblichkeit.

Chirons vorherrschendes Verhalten war das erbitterte Ankämpfen gegen seine Krankheit; sein beherrschendes Gefühl während dieses Abschnitts seiner Geschichte war die Angst. Aber wovor hatte Chiron so große Angst? Einerseits mochte er vielleicht mit dem Gedanken an den Tod als möglichen „Ausweg" spielen, doch war dieser Gedanke an den Tod auch die Quelle seiner schlimmsten Ängste. Er hatte Angst vor dem Prozeß des Sterbens. Er fürchtete, dieser werden ihm nur noch schlimmere Qualen bescheren und ihn in die Abhängigkeit von anderen drängen, ins Verrücktwerden und in die Isolation. Alle diese spezifischen Ängste waren zudem durchdrungen und unterschwellig begleitet vom existentiellen Grauen vor jener äußersten Finsternis, die der Tod darstellt.

Die existentielle Angst vor dem Tod gibt es aus gutem Grund. Ein Kind, das solche Angst noch nicht spüren kann, kennt keinerlei Grenzen, ebenso wie ein Kind, das keinen Schmerz empfinden würde, denn die Angst vor Schmerz und Tod markiert die Linie zwischen bekanntem und unbekanntem Gelände. Ein solches Kind bewegt sich vom Sicheren und Vertrauten ins Unvertraute und Unsichere, ohne es vorher zu prüfen, was dann verhängnisvolle Folgen haben kann. Die Angst hat darum eine Schutzfunktion; sie signalisiert uns, daß wir uns einem potentiellen Gefahrenherd nähern. Sie löst eine

Bremsreaktion aus, läßt uns rückwärts gehen, bewirkt, daß man sich zusammennimmt, sich gegen die bevorstehende Erfahrung abschirmt und sich auf sicheres Gelände zurückzieht. Chiron erfuhr diese Art Angst, als ihn die Wunde leise und mit unwiderstehlicher Schwerkraft zu einem Ort hinzog, an den er eigentlich gar nicht gehen wollte, an die Grenzlinie, die den Rand seiner Wunde bezeichnete, an die Linie, die die Schwelle zum Unbekannten markierte.

Chirons heroischer Widerstand gegen das Abwärtsziehen seiner Wunde hatte zwar nicht die gewünschte Wirkung, aber dennoch machte er ein wesentliches Element seines Heilungsprozesses aus und führte zu einer Reihe von Ergebnissen, die er sonst nie erzielt hätte. Zunächst einmal hätte es ja tatsächlich einen Ausweg geben können. Es wäre ja denkbar, daß Chiron dank seines Ringens schließlich geheilt und ein gutes Stück weiser aus dieser Erfahrung hervorgegangen wäre. Wenn Chiron nicht derart hartnäckig gekämpft hätte, wie er es tatsächlich tat, indem er bei seiner Suche buchstäblich keinen Stein auf dem anderen ließ, hätte sich bei ihm und allen seinen Bekannten unweigerlich der Zweifel eingenistet, ob er sich möglicherweise einfach nicht genügend angestrengt habe. Zweitens brachte ihn dieses Ringen mehr zu sich selbst. Es war, als hätte er bislang nur in einem kleinen Zimmer im obersten Geschoß seines eigenen Hauses gelebt. Bei seiner Suche nach einem Heilmittel riß er jetzt die Türen aller anderen Zimmer auf diesem Stockwerk auf, und auch die Türen im Stock darunter, und noch einmal im Stock darunter, bis er schließlich an jene schwer verriegelte und verhängte Tür im Keller gelangte, auf der die Warnung „Gefährlich" stand. Indem er seine ihm bekannten inneren Ressourcen bis in die letzten Winkel auskundschaftete, begann er, vollständiger in sich selbst zu wohnen. Drittens wurde Chiron durch sein Kämpfen zu größerer Langsamkeit hingeführt. Eine der Auswirkungen einer Beinverletzung besteht darin, daß man an Mobilität verliert; eine weitere, daß man ein Stück weit in seiner Unabhängigkeit eingeschränkt wird. Chiron konnte nicht mehr geschäftig und nach Belieben durch die Gegend galoppieren. Statt dessen humpelte er jetzt durch die Hügel und mußte sich von seiner Tochter stützen lassen. Indem er seine Gangart verlangsamte und mit der Erfahrung des Leidens vertraut wurde, wurde er empfänglich und einfühlsam, und das ließ ihn, mehr noch als sein wachsendes Wissen und seine Kunstfertigkeit im Umgang mit Heilkräutern, zu einem weisen, mitfühlenden und verwundeten Heiler werden.

Schließlich wurde Chiron durch sein vergebliches Kämpfen auf den nächsten Abschnitt seiner Reise vorbereitet, und gleichzeitig fügten sich dadurch die Umstände so, daß er tatsächlich in diesen neuen Abschnitt eintreten konnte. Wir erfahren aus dem Mythos nicht, wie lange er gekämpft hat. Doch vermittelt die Erzählung den Eindruck, sein Kampf habe sehr lange Zeit gedauert. Immer und immer wieder versuchte er, einen Ausweg zu finden. Die Verzweiflung und Angst der Frühzeit seines Ringens waren schließlich durchsetzt von dem Gefühl, all das satt zu haben und dem Wunsch, alle Viere von sich zu strecken. Das war der Zeitpunkt, zu dem sein Verwunder, Herakles, wieder auf den Plan trat.

Die Entscheidung

Eines Tages kam Herakles wieder zu Chiron und erzählte ihm von einem möglichen Ausweg aus seinem Leiden. Zeus hatte beschieden, daß Prometheus, den er gefangengesetzt hatte, weil er ihn betrogen und beleidigt hatte, nur dann erlöst werden könne, wenn ein Unsterblicher bereit sei, freiwillig auf seine Unsterblichkeit zu verzichten und sich im Tausch für Prometheus anzubieten. Chiron entschied sich für diesen Weg.

Damit kam also schließlich der Zeitpunkt, an dem sich ein Ausweg eröffnete; es hatte nicht in Chirons Macht gestanden, ihn von sich aus festzulegen. Die Umstände dabei haben etwas äußerst Überraschendes und Paradoxes an sich. Die Hilfe kommt in Gestalt des Verwunders, was man am wenigsten erwartet hätte; und der Weg der Heilung, den dieser aufzeigt, erscheint wie eine weitere Verwundung. Zu einem anderen Zeitpunkt hätte ein solcher Vorschlag die Qual Chirons nur noch gesteigert. Doch jetzt war er reif dafür. Seine Jahre des Leidens und Kämpfens hatten ihn darauf vorbereitet, ein solches Zeichen zu erkennen. Dieser merkwürdige Vorschlag war zwar durchaus nicht nach seinem Geschmack, aber er wußte sofort, daß dies der Weg zum Durchbruch war, den er gesucht hatte.

Ganz gleich, wie lang und wie hart sich Chiron auch noch angestrengt hätte, er hätte das alles nicht aus eigenen Kräften zuwege bringen können. Der Umstand, daß an dieser Stelle in der Geschichte Herakles wieder auftritt, weist darauf hin, daß in einer Situation wie derjenigen Chirons zu den heroischen eigenen Anstrengungen des Betreffenden etwas Zusätzliches hinzukommen muß, nicht, um diesem Menschen die Arbeit abzunehmen, sondern um ihn auf einen anderen möglichen Ausweg hinzuweisen. Es scheint auch von Bedeutung zu sein, daß Herakles aus Mitleid und dem Bedürfnis der Wiedergutmachung seinem alten Lehrer gegenüber handelte, sowie im Dienst und im Namen des Zeus.

Wichtig ist auch die Wahl des richtigen Zeitpunkts für einen solchen Eingriff. In irgendeiner Weise waren die Jahre, Monate, Wochen, Tage und sogar Sekunden von Chirons scheinbar fruchtlosem Ankämpfen gegen sein unerwünschtes Schicksal der notwendige Weg zu jenem inneren Ort, an dem ihn Herakles aufgeschlossen für die Botschaft fand, die er ihm überbringen wollte. Als Herakles auf den Plan trat, war Chiron bereit, bereit, loszulassen. Weil der Zeitpunkt richtig gewählt war, konnte Chiron die Botschaft des Herakles als seine entscheidende Möglichkeit erkennen.

„Der, welcher verwundet, heilt auch"

Herakles, Chirons Verwunder, wurde jetzt sein Heiler, und der angebotene Heilungsweg bestand darin, daß Chiron sich jetzt bewußt in den finsteren Abgrund seiner tödlichen Wunde hineinbegab. Daß die Geschichte hier ironisch und paradox wird, zeigt eindeutig, daß Chiron auf der Schwelle zu einem neuen Gelände stand. Er stand jetzt mit dem Rücken jenem Ort zugewandt, von dem er gekommen war und wo alles entweder schwarz oder weiß, gut oder schlecht, Ja oder Nein, ein Ding oder ein anderes gewesen war; und sein Gesicht war einer neuen Welt zugewandt, in der es lauter scheinbare Gegensätze gab, in der Polaritäten und Widersprüche friedlich Seite an Seite lebten.

Der Auftritt des Herakles gab Chiron auch die Möglichkeit, radikal seine Vorstellung vom Heldentum, ja die Natur dieses Heldentums zu ändern. Bis jetzt hatte „ein Held zu sein" darin bestanden, zu kämpfen, Widerstand zu leisten und gegen die Schmerzen anzukämpfen, koste es, was es wolle. Diese Spielart des Heldentums hatte sich bis dahin bei allem bewährt, was Chiron hatte erreichen wollen. Mit dem Vorschlag des Herakles war das Eingeständnis verbunden, daß diese Möglichkeit jetzt voll ausgereizt war und daß die jetzt notwendige neue Art von Heldentum darin bestand, Ja zu seinem eigenen Schicksal zu sagen; Ja zu sagen zu dem, was sich bereits abspielte; sich dem Zug der Schwerkraft zu überlassen, sich tauchend dem Sog der Wasser anzuvertrauen.

„Los jetzt, hier, jetzt, immer"

Die Entscheidung, vor die Herakles Chiron stellte, war gewaltig. Sie bedeutete, Ja zu sagen zu dem, wogegen er all die Jahre angekämpft hatte; sie bedeutete, Ja zu sagen zu dem Prozeß, der in dem Augenblick begonnen hatte, wo der Pfeil sein Bein durchbohrt hatte; und er führte zu einer einzigen noch verbleibenden Gewißheit: daß der Tod auf ihn wartete.

Chirons bedingungsloses Ja hatte unwiderrufliche und radikale Folgen. Er verlor unverzüglich seine Unsterblichkeit und seine Überzeugung, sich selbst erlösen zu können. Statt vergeblich, wenn auch tapfer darum zu kämpfen, sein eigenes Geschick im Griff zu behalten, begann er von da an, mit den Kräften zusammenzuarbeiten, die es geformt hatten. In diesem Augenblick wurde aus dem tragischen Opfer Chiron der mutige Sucher, einer, der bereit war, auf der Suche nach Heilung in den Abgrund des Unbekannten zu springen. Vielleicht hörte Chiron immer noch die verzweifelte Stimme seiner Angst, aber vielleicht vernahm er auch schon, wie sich eine neue Stimme meldete und immer stärker wurde, eine Stimme, die so alt und schweigsam wie die Sterne war.

Chiron wußte in diesem Augenblick, daß er völlig allein und wieder nackt wie am Tag seiner Geburt war. Daraus ergab sich eine neue Sichtweise seiner tödlichen Wunde. War sie bislang die Quelle endloser und sinnloser Qualen gewesen, so wurde sie jetzt zum Eingangstor in die Heilung. Daraus ergab sich auch, daß ihm seine Schmerzen nicht mehr so schlimm vorkamen wie bisher. Sie hatten nicht mehr jenen schlimmen Stachel, den das Gefühl verleiht, sich verzweifelt gegen etwas Unvermeidliches zu wehren. Statt dessen spürte er nun, daß er das, was jetzt mit ihm geschah, weder mochte noch wollte, aber daß er ganz unerwartet aus seiner Blockierung befreit und auf dem Weg war, und daß dieser Weg auf den Durchbruch zusteuerte.

Prometheus

Die Entscheidung des Chiron hatte die Befreiung des Prometheus zur Folge, der ebenso wie er selbst bis dahin ein Gefangener der Schmerzen gewesen war.

In der griechischen Mythologie galt der Titan Prometheus als der Schöpfer und Verteidiger der Menschheit. Es wird von ihm erzählt, er habe die sterblichen Menschen aus Ton und Wasser so geformt, daß sie wie die Götter aussahen, worauf die Göttin Athene ihnen Leben eingehaucht habe. Als Athene dem Prometheus Architektur, Astronomie, Mathematik, Navigationskunst, medizinisches Wissen und andere nützliche Fertigkeiten beibrachte, gab er dies alles unverzüglich an seine geliebten Menschengeschöpfe weiter.

Eines Tages erhob sich eine lebhafte Diskussion, welche Stücke des Opferstiers den Göttern gehören und welche für die Menschen zurückbehalten werden sollten. Prometheus, der als Schiedsrichter fungierte, übertölpelte den Zeus, so daß dieser die Knochen des Tiers wählte, und spottete hinter seinem Rükken über ihn. Darüber wurde Zeus wütend und bestrafte Prometheus damit, daß er der Menschheit das Feuer vorenthielt.

„Sollen sie das Fleisch doch roh essen!" schrie er. Doch Prometheus fand mit Hilfe Athenes einen Zugang zum Berg Olymp, wo er aus dem Herd der Götter Feuer stahl und es den Menschen brachte. Als Zeus dahinterkam, schwor er bittere Rache. Durch Pandora ließ er auf die Menschheit vielfältige Plagen los, nämlich Alter, Mühsal, Krankheit, Irrsinn, Laster und Leidenschaft. Außerdem ließ Zeus den Prometheus nackt an eine Säule im Kaukasusgebirge schmieden, wo ihm täglich ein geierartiger Greif die Leber aus dem Leib riß, und das Jahr um Jahr. Nachts, wenn Prometheus Frost und Schnee ausgesetzt war, wuchs seine Leber immer wieder nach, und so kündigte jede neue Morgenröte einen weiteren Tag mit tödlichen Qualen an.

Zu der Zeit, als Herakles ins Kaukasusgebirge kam, war Prometheus dort schon dreißigtausend Jahre lang angeschmiedet gewesen. Herakles hatte bei Zeus für Prometheus Fürsprache eingelegt, und dieser hatte die Freilassung des Prometheus an die Bedingung geknüpft, daß Herakles einen Unsterblichen finde, der bereit sei, auf seine Unsterblichkeit zu verzichten und statt des Prometheus in den Tartarus zu gehen. Da hatte sich Herakles des Chiron erinnert.

Die Folge der Entscheidung des Chiron war, daß Prometheus befreit wurde. Die Bedingung dafür war, daß er für immer einen Weidenkranz auf dem Kopf tragen mußte. Außerdem sollte er einen Ring am Finger tragen. Er war aus der Kette geschmiedet, mit der er angebunden gewesen war. Darin eingelassen war ein Stückchen Stein aus dem Felsen, an den er gefesselt gewesen war. Der Weidenzweig wurde mit Hekate in Verbindung gebracht, einer der Göttinnen der Unterwelt. Die Bereitschaft des Prometheus, den Weidenkranz zu tragen, könnte man folglich als Zeichen dafür deuten, daß er das Sterblichsein zuließ. Der Ring war eine Erinnerung an seine Zeit der Gefangenschaft und daran, daß er künftig bei seinem Umgang mit den Göttern um Demut bemüht sein solle.

Die Entscheidung des Chiron stellte deshalb auch ein Opfer dar, das heißt ein „Heiligen" all dessen, was Prometheus symbolisch verkörperte. War Prometheus bislang der Vorkämpfer einer Menschheit gewesen, die im Wettstreit mit den Göttern stand, so stellte er nach seiner Entlassung die Menschheit mit ihrer kreativen Autonomie dar, welche jetzt jedoch an das Bewußtsein geknüpft war, sterblich zu sein und in Demut zu den Göttern aufzuschauen. Es handelt sich hier also um eine mythologische Form der Beschreibung des Umschwungs, der sich in Menschen vollzieht, die als „Patienten" im richtigen Moment aufhören, gegen den Wind anzukämpfen, ihr kleines Segelboot wenden, den Wind in ihre Segel blasen und sich von ihm führen lassen, wohin er will.

Der Abstieg

Und so starb Chiron und stieg in den Tartarus hinunter.

Chirons Abstieg begann nicht in dem Augenblick, als er sich entschied. Er hatte schon zu dem Zeitpunkt begonnen, wo er von dem Giftpfeil verwundet worden war. Seine Entscheidung zum Platztausch mit Prometheus bedeutet nur eine rapide Beschleunigung dieser Abstiegsbewegung. Die Spirale des Abstiegs nahm ein rasendes Tempo an, über das er alle Kontrolle verlor. Zudem wird diese Erfahrung des Abstiegs für Chiron die Qualität des *déjà vu* an sich gehabt haben. Er muß schon sein Verlassenwerden als kleines Kind als Verlust seiner Welt erfahren haben, als Sterben seines Selbst. Und so wird er diesen letzten Abstieg als etwas merkwürdig Vertrautes und zugleich völlig Neues erlebt haben. Die Vertrautheit rührte aus dem Umstand, daß er schon einmal auf diese Weise verlassen worden war, aber das Neue war dieses Mal, daß er sich bewußt für den Abstieg entschieden hatte.

Wohin und in was stieg Chiron ab? Er stieg hinunter zur altgriechischen Unterwelt namens Hades, was gleichzeitig der Name des Gottes ist, der dort herrscht. Von anderen mythischen Gestalten gibt es ausführliche Erzählungen über ihre Reisen durch die Unterwelt. Bei Chiron ist das anders; sein Abstieg wird nicht mit weiteren Einzelheiten geschildert. Dennoch können wir uns vorstellen, was sich dabei ereignet hat.

Chiron wird durch das Haupteingangstor in die Unterwelt eingetreten sein; es heißt, daß es in einem Hain schwarzer Pappeln am Rand des Meers liege. Bei seiner Reise nach unten wird er wie alle Seelen, die sich auf diesen Weg machen, von Hermes geleitet worden sein, dem Gott des Dazwischen und der Grenze, der sich vor allen anderen Göttern durch seine Fähigkeit auszeichnete, zwischen den Welten zu wandern. Dann dürfte er bald an den Fluß Styx gelangt sein, dessen Name „Haß" oder „haßerfüllt" bedeutet, und dessen gefrorene Wasser die Grenzen des Reiches des Hades markierten. Um den Styx überqueren zu können, wird er den gesichtslosen Fährmann Charon entlohnt haben, der seine Fahrgäste nur in eine Richtung transportiert.

Bei seiner Ankunft am anderen Ufer wird Chiron dem Zerberus begegnet sein, dem wilden dreiköpfigen Höllenhund, dessen Aufgabe darin besteht, alle lebenden Eindringlinge oder flüchtigen Geister zu verschlingen. Dann wird er die öden, schweigenerfüllten und grauen asphodelischen Felder durchwandert haben, wo die Massen der Toten wie Fledermäuse umherflattern und ihr Urteil erwarten.

Nach nicht allzu langer Zeit wird er den Palast des Hades und der Persephone, der Königin der Unterwelt, erreicht haben und ganz in der Nähe auf drei Richter getroffen sein, die über sein Schicksal entschieden. Von diesem Ort des Urteils aus wird Chiron eine der drei möglichen Straßen eingeschlagen haben. Die erste war für diejenigen, die weder für tugendhaft noch für böse befunden wurden; sie führte zurück auf die asphodelischen Felder. Die zweite war für diejenigen, die als tugendhaft aus dem Gericht hervorgingen; sie führte in die elysischen Gefilde, einen Bereich der Glückseligkeit voller Spiel und Wonnen, an dem es ewig Tag war und dessen Bewohner jederzeit den Wunsch äußern konnten, auf Erden wiedergeboren zu werden. Die dritte Straße schließlich führte die als böse Gerichteten in den Tartarus. Chiron wird zwar sicher nicht als böser Mensch gerichtet worden sein, aber immerhin wissen wir, daß die Freilassung des Prometheus an die Bedingung geknüpft war, daß ein Unsterblicher an seiner Stelle freiwillig in den Tartarus gehe. Der Name „Tartarus" wird zwar immer wieder in gleicher Bedeutung wie „Hades" zur Bezeichnung der gesamten Unterwelt verwendet, aber er meint im engeren Sinn einen bestimmten Bezirk dieser Schattenwelt. So war Chirons Abstieg vermutlich erst dann beendet, als er sich schließlich im Tartarus befand, im entferntesten, tiefsten, schwärzesten Abgrund der Unterwelt.

Herakles im Hades

Die Geschichte des Chiron und die des Herakles, des größten aller griechischen Helden, sind an mehreren bedeutungsvollen Stellen miteinander verknüpft. Genau wie Apollo zum Stiefvater Chirons wurde, adoptierte Chiron wiederum den jungen Herakles. Herakles wurde Chirons hervorragendster Schüler, der alle anderen an Tapferkeit und Stärke weit übertraf. Als Erwachsenem wurden Herakles von den Göttern zwölf offensichtlich unmögliche „Arbeiten" aufgetragen, und zwar durch die Vermittlung des Orakels zu Delphi. Er sollte sie zur Sühne für den entsetzlichen Schaden ausführen, den er in einem Anfall von Verrücktheit angerichtet hatte, und als Belohnung sollte er dann dafür die Unsterblichkeit erhalten. Es war im Laufe der Verrichtung seiner vierten Arbeit, des Einfangens des erymanthischen Bären, daß Herakles unbeabsichtigt dem Chiron die tödliche Wunde beibrachte. Viele Jahre später, als er durch die Berge des Kaukasus heimkehrte und gerade mit Erfolg seine elfte Arbeit vollbracht hatte, nämlich die goldenen Äpfel der Hesperiden zu holen, stieß er auf den an eine Säule geketteten Prometheus. Das erinnerte den Herakles an einen anderen, der ebenfalls mit einer ewigen Wunde geschlagen war, und er legte bei Zeus Fürsprache ein, wodurch der Austausch von Chiron und Prometheus zustande kam. Waren bis zu diesem Punkt Chiron und Herakles im heroischen Ansatz miteinander verbunden gewesen, so gingen sie von da an auf zwei völlig verschiedenen Wegen hinab in die Unterwelt und hielten sich dort auf.

Chirons Abstieg ergab sich aus seiner eigenen Entscheidung, seine Unsterblichkeit zugunsten des Prometheus aufzugeben. Damit ließ er auch die heroische Dynamik fallen, die bis dahin sein Leben beherrscht hatte. Seine Einstellung der Unterwelt gegenüber war nicht diejenige eines Helden, der wie ein Eroberer kam, um sich etwas zu holen, sondern die eines Novizen und Lehrlings, der sich voller Lernbereitschaft auf diesen Bereich einließ und keine festen Erwartungen hatte, wohin ihn das führen würde. Seine Befreiung und Belohnung ergaben sich aus dieser Empfänglichkeit und bedingungslosen Bereitschaft seinerseits, sich von der Tiefe in ihre geheimnisvollen Wege einführen zu lassen.

Als Herakles in den Tartarus hinabstieg, um dort seine zwölfte und letzte Arbeit ins Werk zu setzen, stand das in völligem Kontrast zum Verhalten Chirons. Herakles kam als heldenhafter Eroberer. Seine Aufgabe bestand darin, Zerberus, den grimmigen dreiköpfigen Wachhund der Unterwelt, einzufangen. Herakles stieg dazu, bewaffnet mit einem Schwert sowie Pfeil und Bogen, in die Unterwelt hinunter. Er schenkte den Worten, die ihm einer der Geister zuflüsterte, keinen Glauben: „Du hast von den Toten nichts zu befürchten." Statt dessen reagierte er auf alles, was er dort sah, auf genau die gleiche Weise, wie er das in der Oberwelt getan hätte. Er schlachtete Vieh, rang mit einem Viehhüter und – ein Anklang an seine frühere Verwundung des Chiron – schoß dem Hades einen Pfeil in die Schulter.

Zerberus gehörte der Hekate, einer Göttin der Unterwelt und engen Freundin Persephones. Die hellenistischen Griechen, die diese Geschichte erzählt haben, fingen bereits damit an, Hekate zu dämonisieren, indem sie sie als eine Art finsterer Hexe darstellten; in Wirklichkeit aber sollte sie ursprünglich die vorhellenistische dreifache Gottheit darstellen, die die Oberwelt, das Meer und die Unterwelt beherrschte, ehe sie abgesetzt wurde und der patriarchalischen Dreifaltigkeit Zeus, Poseidon und Hades weichen mußte. Eine Spur dieser älteren Version der Erzählungen kann man in der Aussage finden, daß Zeus der Hekate die Vollmacht verliehen hat, den Sterblichen das Geschenk zu machen, nach dem sie sich am meisten sehnten. In diesem Licht läßt sich die Geschichte, wie Herakles auf brutale Weise den dreiköpfigen Hund der Hekate einfängt und fortschleppt, so deuten, daß in ihr das heroische Prinzip die Macht der dreifachen Gottheit ein Stück weiter demontiert. Die Art des Herakles, nämlich sein heldischer Stil des Seins und Handelns in der Welt, bedeutet nichts weniger als eine Vergewaltigung des weiblichen Prinzips und eine Ausplünderung und Entweihung der Seele.

Psychologisch gesprochen, stellt der Einsatz des Herakles im Hades die Beschreibung des potentiellen Schadens dar, den das heroische Ich, der bewußte und organisierende Teil unseres Geistes, in der tiefen, inneren Welt der Seele anrichten kann. Es gibt andere Berichte von griechischen Helden, die in die Unterwelt hinabsteigen, aber jeder von ihnen war zuvor in die eleusinischen Mysterien eingeweiht worden, das heißt, jeder war in die ganz anderen, unweltlichen Weisen der Unterwelt eingewiesen worden und stieg darum in Demut in sie hinab. Obwohl Herakles die Initiation in die kleineren eleusinischen Mysterien erfuhr, läßt sein destruktives Verhalten in der Unterwelt vermuten, daß die Initiation bei ihm nie wirklich gegriffen hat. Der Art und Weise, wie Herakles in die Unterwelt hinabsteigt, entsprechen bestimmte Psychotechniken, die den Zugang zu den bilderträchtigen Tiefen der Seele zu dem Zweck erschließen, daß man sein Leben besser versteht und in den Griff bekommt. Letztlich läuft das auf eine Stärkung des Ich auf Kosten der Seele hinaus und führt nicht zu einer inneren Heilung. Es schafft jene Karikatur von Menschen, die T. S. Eliot in seinem Bild von den „Hohlen Menschen" beschrieben hat:

Wir sind die Hohlen
Wir sind die Ausgestopften
Aneinandergelehnt stehen wir da
Die Köpfe voller Stroh. O weh!
Unsere vertrockneten Stimmen, wenn
Wir zusammen flüstern
Sind ruhig und ohne Sinn
Wie Wind im dürren Gras
Oder Rattenfüße über Scherben von Glas
In unserem ausgetrockneten Keller

Umriß ohne Gestalt, Schatten ohne Farbe,
Gelähmte Kraft, reglose Gebärde;

Die ihr hinübergegangen seid
Offenen Auges in des Todes anderes Reich
Stellt uns euch vor – wenn überhaupt – nicht als Verlorne
Gewalttätige Seelen, sondern nur
Als die Hohlen
Die Ausgestopften.

Chiron ist einer derjenigen, die „offenen Auges in des Todes anderes Reich hinübergegangen" sind. Psychologisch gesprochen, bedeutet das den Abstieg des Ich, das Ehrfurcht vor dem Tod hat. Genau wie im Fall des Chiron gibt es auch für jeden von uns Sterblichen die vorbereitenden eleusinischen Mysterien, die uns die dazu erforderliche Demut lehren: Sie bestehen in der Begegnung mit unheilbarem körperlichem oder emotionalem Leiden, welches uns das Leben auf den Weg legt. Das bedeutet, daß, wenn unser Ich schließlich absteigt, es dies ohne alle Illusionen über seine Größe tut. In der Tiefe kann dann dieses empfängliche und geduldige Ich zu dem umgewandelt werden, was Hillman das „imaginäre" (imaginal) oder „Traum-Ich" nennt. Hierauf kann es aus der tiefen, unbewußten Schicht des Geistes in die Schicht des wachen, bewußten Geistes zurückkehren, jetzt jedoch verändert und fähig, alles anders zu sehen und anders zu handeln.

Chirons Art des Abstiegs entspricht jener psychologischen Überzeugung, die glaubt, daß der Tiefengeist über autonome und primäre Kräfte verfügt. Sie vertritt, daß die Tiefe nicht nur ein psychischer „Mülleimer" für unterdrückte Erinnerungen und Gefühle ist. Vielmehr betrachtet sie die Tiefe als unsere Führerin und Fürsprecherin, deren reichhaltige Bilderwelt unser Leben von unten her leiten kann. Es kommt dann nicht darauf an, daß es uns gelingt, alle diese Bilder wie Schmetterlinge als Schaustücke im Kabinett unseres Verstandes aufzuspießen, sondern es geht darum, ihnen vertrauen zu lernen und ihnen Raum zur Entfaltung zu geben. Dann lassen wir zu, daß sie uns ein festes Fundament und ein neues Verständnis unserer selbst schenken, und daß unser waches Leben von ihrer Musik, Weisheit und Liebe erfüllt wird.

Der Abstieg als schamanische Initiation

Beim Chiron-Mythos handelt es sich um eine relativ zeitgenössische, westliche Überarbeitung des universalen Themas der schamanischen Initiation. Aus diesem Grund läßt sich die Bedeutung des Abstiegs von Chiron in die Unterwelt sehr fruchtbar in diesem Zusammenhang deuten.

Der Schamane, der in sich die Qualitäten von Priester und Arzt vereinte, nahm seit der Steinzeit und dem Aufdämmern des menschlichen Bewußtseins vor ungefähr zweihunderttausend Jahren in den Stammeskulturen eine zentrale Stellung ein. In bestimmten Stammesgesellschaften, die sich bis heute erhalten haben, spielen Schamanen auch weiterhin eine entscheidende Rolle. In allen diesen Stammesgesellschaften gilt der Glaube, daß nicht nur das Wohlbefinden, sondern ganz grundsätzlich das Leben der einzelnen, des Stammes als solchen und unseres ganzen Planeten davon abhängt, daß alle diese Bereiche miteinander verknüpft und in Harmonie sind. Diese gegenseitige Verknüpfung beschreibt nicht nur eine Vernetzung und wechselseitige Abhängigkeit der unterschiedlichen Elemente voneinander, sondern auf der Ebene des Mikrokosmos auch ein gesunde dynamische Wechselwirkung unterschiedlicher Bewußtseinsebenen im Individuum. Weil der Schamane in das Geheimnis eingeweiht ist, ist er in der Lage, sich auf andere Bewußtseinsebenen zu begeben und diese zu erfahren. Er hat Zutritt zur Unterwelt der Geister der Vorfahren, zu den Welten der Vitalkräfte der Natur und der Tiere und zu den Daseinsebenen der Gottheiten, von denen das Leben abhängt. Wegen seiner Fähigkeit, Zutritt zu diesen verschiedenen Teilen des Gesamtzusammenhangs zu haben und zwischen ihnen vermitteln zu können, wird der Schamane im Stamm als ein wesentlicher Verbindungsstrang im Netz des Lebens erachtet.

176

Im Prozeß der Initiation des Schamanen gibt es eine ganze Reihe unterschiedlicher Etappen; für unseren Zusammenhang sind die ersten beiden von Belang. Da ist zunächst die „Krise". Man beschließt nicht auf eigenen Wunsch, Schamane zu werden. Es ist vielmehr eine Berufung. Anfangs besteht diese „Berufung" wie bei Chiron darin, daß der Initiand eine unheilbare körperliche oder emotionale Wunde empfängt, die dieses Individuum aus dem Alltagsleben herausreißt und es nach innen und unten zieht, in den Schmelztiegel im Zentrum seiner selbst hinein. Darauf folgt die zweite Etappe des Initiationsprozesses, die dem Außenstehenden als Phase der Krankheit oder Verrücktheit erscheint; es kann sein, daß der Initiand dabei geradezu auf der Schwelle des Todes wandelt oder sie gelegentlich sogar zeitweise überschreitet. Während dies geschieht, ereignet sich zugleich eine intensive innere Reise, bei der der Initiand bis in den Kern seines eigenen Wesens hinabgelangt. Diese Phase des Prozesses, in der der Initiand irgendeine Zukunft über diese unmittelbare Erfahrung hinaus weder erfährt noch sicher hat, weist eindeutige Parallelen mit Chirons Abstieg in den Tartarus und seinem Aufenthalt darin auf.

Die Unterwelt als andere Welt

Chirons Abstieg in die Unterwelt des Todes mit seinen Anklängen an die schamanische Initiation beschreibt eine völlig neue und radikal andere Erfahrung. Während Hades, der Herr der Unterwelt, als guter Gastgeber galt und auch unter dem Namen Pluto bekannt war, was „der Reiche" bedeutet, war die Unterwelt alles andere als genußvoll und durchaus nicht voller unbekannter Schätze. Chiron war jetzt in eine Schicht hinabgelangt, die weit unterhalb der fruchtbaren schwarzen Erde lag, in die untersten Stockwerke der Unterwelt, zum Tartarus, an diesen Ort äußerster und unwandelbarer Finsternis und kalter, regloser Tiefen. Alle Mitbewohner, die er dort antraf, erschienen als „Schatten", von denen es heißt, sie seien „ohne Körper, ohne Blut und ohne Knochen" umhergewandert und hätten nur flüsternd gesprochen. Chiron war in die Tiefe gereist, er war gewissermaßen im autonomen Reich der Seele angekommen, an dem Ort, wo die Bilder leben, sich regen und ihr Sein haben, und in diesem Augenblick wußte er nur eines: Hier mußte er bleiben.

Die Schwerpunktverlagerung des Chiron von seiner oberen in seine untere Hälfte, auf die sein Tod und dann sein Abstieg folgen, läßt sich auch metaphorisch sehen. Dann beschreibt sie die Verlagerung von der Oberwelt des Bewußtseins, der rationalen Analyse und des linearen Denkens in die finsteren, intuitiven und bilderbefrachteten Tiefen des unbewußten Geistes. Der Fluß Styx, der als kalt, widerwärtig und abscheulich beschrieben wird und über den die Fähre nur in eine Richtung verkehrt, steht als Bild dafür, daß diese Überfahrt weder angenehm noch leicht ist. Das erklärt die verzweifelte Angst und den Widerstand des heroischen Ich gegen eine solche Verlagerung, die es zu Recht als eine Art Tod erfährt. Das ist der Tod, der sich immer dann ereignet, wenn wir in Schlaf „fallen". Das ist der Tod, der immer dann stattfindet, wenn wir die irreale Welt der Kunst, der Poesie und der religiösen Erfahrung betreten. Das ist der Tod, der jedesmal gestorben wird, wenn man sich in die wilde Natur hinausbegibt und sich nicht länger als Herr der Lage fühlt, der alles überblickt, sondern nur noch als ein winziges Teilchen einer weiten, unbekannten Landschaft. Chirons Geschichte scheint zu sagen, daß wir alle eines Tages, ob wir wollen oder nicht, diesen Übergang vollziehen müssen. Unser anfängliches Ankämpfen dagegen ist zwar wichtig und wertvoll, aber von einem bestimmten Punkt des Prozeßverlaufs an müssen wir uns dem Zug seiner Schwerkraft überlassen. Das bringt uns dann in die Traumzeit, in die kalte und andere Welt der Tiefe, wo wir genau wie Kinder in einem rabenschwarzen Raum, die ihren Pupillen Zeit lassen, sich zu weiten, das Warten lernen müssen.

Die Wiederkehr

Nach neun Tagen im Tartarus setzte Zeus das Bild des Chiron an den Himmel als das Sternbild des Zentauren.

Als Chiron als Neuling an diesem kalten und finsteren Ort stand, waren seine ersten Erfahrungen die des Blindseins und der Verwirrung. Es überkamen ihn auch Gefühle der Traurigkeit, wenn er daran denken mußte, was er hinter sich gelassen hatte. Doch als sich seine Augen nach und nach an die Dunkelheit gewöhnten, begann er die Umrisse dieser anderen Welt wahrzunehmen. Er begann das schwarze Labyrinth der Tunnels zu durchstreifen, versuchte sich zu orientieren und hoffte, wenigstens einen kleinen Lichtstreif zu entdecken, irgendeinen winzigen, ermutigenden Funken. Doch es dauerte nicht lange, und er war wieder so weit wie am Anfang, und das geschah immer wieder, ganz gleich, wie oft er wieder anfing und wie sehr er sich Mühe gab. Aber obwohl er jetzt auf völlig neuem Gelände war, empfand er bei seinem Umhertappen zugleich ein merkwürdiges Gefühl der Vertrautheit. Schlagartig überkam ihn die Erkenntnis, daß es sich bei dem, was ihm vertraut war, nicht um den Ort handelte, sondern um sein Verhaltensmuster. Wieder hatte er sich auf den vergeblichen Kampf eingelassen, das Unmögliche zu finden. Dadurch sank er nur immer tiefer in einen schwarzen und bodenlosen Ozean der Hoffnungslosigkeit hinein.

Allmählich begann Chiron zu begreifen, daß er nichts tun mußte, weil er nichts tun konnte. Damit verbunden spürte er in sich zunehmend das Gefühl wachsen, daß sich etwas in ihm selbst ändern müsse. Er mußte anerkennen, daß er nicht länger der Meister, nicht mehr der Lehrer war. Er mußte annehmen, daß für ihn die alte Weltordnung endgültig zusammengebrochen war und nie mehr die gleiche sein würde. Er mußte sehen lernen, daß er jetzt der Novize war, und die Unterwelt seine Lehrmeisterin.

Chirons erste Lektion bestand darin, daß er der Tiefe gegenüber eine neue Einstellung gewinnen und das Warten lernen mußte. Bislang hatte Chiron Angst vor allem gehabt, was nicht im Bereich der Vernunft gelegen hatte, oder er hatte es völlig abgespalten. Als er sich jetzt aufmerksam in der Unterwelt umsah, meinte er, im harten Fels vor seinen Augen einen leichten Goldschimmer wahrzunehmen, und er erinnerte sich daran, daß der andere Name für „Hades" „Pluto" lautete, das heißt „der Reiche". Wieder stand er vor einer Wahl. Würde er sich selbst im schwarzen Meer der Hoffnungslosigkeit, das ihn von allen Seiten umgab, versinken lassen und ertrinken, oder würde er an die Möglichkeit glauben, daß „selbst in diesen Felsen" eine Intelligcnz steckte, die ihm wohl wollte? Chiron entschied sich für letzteres, und seine Fähigkeit und Bereitschaft, an diesem Ort zu warten, entstammten dieser neuen Einstellung.

Die Art, wie Chiron das Warten lernte, wird von T. S. Eliot in seinen *Four Quartets* so beschrieben:

Ich sprach zu meiner Seele: Sei still. Warte ohne Hoffnung
Denn Hoffnung wäre Hoffnung auf das Falsche.
Warte ohne Liebe
Denn Liebe wäre Liebe für das Falsche. Aber glaube trotzdem
Doch der Glaube und die Liebe und die Hoffnung liegen alle im Warten.

Und während er wartete und die Möglichkeit zuließ, an einem Ort der Weisheit zu sein, ereignete sich etwas Merkwürdiges. Zunächst erregten die sich bewegenden Schatten kaum seine Aufmerksamkeit. Sie erschienen blutlos und uninteressant, und ihre Bewegungen schienen unlogisch und chaotisch zu sein. Doch im Laufe der Zeit stellte er fest, daß er sich doch näher auf ihre Regungen einließ. Zwar konnte er weder ihre Sprache noch ihre Handlungen verstehen, aber er begann zu spüren, daß sie von Bedeutung waren. Dieses Gespür für ihre Bedeutung war etwas ganz anderes als jene klare analytische Einsicht, für die er während seines Lebens in der Oberwelt bekannt gewesen war. Hier handelte es sich eher um etwas Emotionales und Physisches als um etwas Intellektuelles, etwas, das ihn in der Magengrube anrührte und ihn mit einem nicht in Worte zu fassenden Gefühl der Sinnhaftigkeit erfüllte. Chiron wurde in die Mysterien der Tiefe eingeweiht. Und wie zu jeder Initiation gehörte dazu auch das Hören auf Geschichten aus der neuen Welt, in der er jetzt wohnte. Sie schmeckten wie eine unbekannte, aber köstliche Speise für seine Seele.

Wie lange Chiron in der Unterwelt gewartet und gelauscht und gelernt hat, weiß niemand. In der Erzählung heißt es, er sei „neun Tage" in der Unterwelt gewesen. Aber was heißt schon Zeit an einem zeitlosen Ort? Ein Schlüssel liegt vielleicht in der Tatsache, daß die Neun eine heilige Zahl ist, die Ganzheit und Vollständigkeit bedeutet. Gleichzeitig mag es von Bedeutung sein, daß der Tartarus zwar eher ein grabähnlicher Ort ist, die Neun jedoch auch die Zahl der Monate bezeichnet, die die Sterblichen im Mutterschoß bis zu ihrer Geburt warten müssen. Wichtig scheint jedenfalls zu sein, daß Chiron im Tartarus so lange wartete, bis er alles gelernt hatte, was er lernen mußte. Dann war der Zeitpunkt gekommen, wo Zeus beschloß, zu seinen Gunsten einzugreifen. Wäre es auf Chiron allein angekommen, dann wäre er vielleicht für immer dort geblieben. Als die Begnadigung kam, stellte sie eine völlig unerwartete Überraschung dar. Das erste, was er spürte, war, daß er sich nach oben bewegte, nicht aus eigener Kraft, sondern irgendwie getragen von der Kraft der Geschichten, die er gehört und der Visionen, die er geschaut hatte. Als Chiron dann am Himmel zur Ruhe kam, sah er die Ereignisse der Oberwelt mit neuen Augen. Sein Warten dauert an, in alle Ewigkeit.

Die Unterwelt als Kraft, die in die Mysterien einweiht

Chirons Warten in der kalten und extremen Finsternis des Tartarus erinnert an die Inkubationszeit des schamanischen Initianden, während der er in der Krise seiner physischen oder mentalen Krankheit befangen ist. Während dieser Zeit, die von Stunden über Tage oder sogar Wochen dauern kann, erscheint der Initiand dem Betrachter als schwer krank. Gleichzeitig, tief in seinem Innern, erfährt der Initiand andere Ebenen der Wirklichkeit. Sie werden zuweilen in Bildern eines „Fluges" oder einer „nächtlichen Seefahrt" beschrieben, also ganz ähnlich wie Chirons „Abstieg in die Unterwelt". Eliade beschreibt dies als „Durchbruch zu einer neuen Ebene" und meint damit, daß der

Initiand die Schwelle vom normalen Zustand des Wachbewußtseins zu einer tieferen, intuitiveren und bilderträchtigeren Ebene des Geistes überschritten hat.

Was der Initiand als nächstes erfährt, ist von Person zu Person sehr unterschiedlich. Manche Menschen empfinden es als angenehm, andere durchaus nicht. Für alle jedoch ist es völlig anders und unerwartet. Was stattzufinden scheint, ist, daß alle Bande zwischen diesen Menschen und ihrem früheren Leben durchtrennt werden. Dann gelangen sie in den ungeheuren Schmelztiegel der Psyche, wo alles Bisherige aufgelöst und auf seine chemischen Grundstoffe reduziert wird, wie eine Puppe in ihrem Kokon. Viele beschreiben das im Nachhinein als eine Erfahrung, die sich anfühlt, als würden ihnen alle Gliedmaßen abgehackt. Das ist also eine intensive Erfahrung des passiven Über-sich-ergehen-Lassens der Tiefen, und sie entspricht der Zeit des Chiron, in der er im Tartarus in reiner Empfänglichkeit und bedingungsloser Ergebung wartet. Und genau wie Chiron an diesem Punkt keinerlei Einfluß auf sein Schicksal hat, kann der Initiand auch nicht beschließen, was ihm als nächstes widerfahren wird. Eine Möglichkeit könnte darin bestehen, daß der Initiand nicht mehr daraus zurückkommt, sondern tatsächlich stirbt oder in einem Zustand ernsthafter Krankheit oder Geistesverwirrung dahindämmert. Die andere Möglichkeit ist, daß er nach einiger Zeit, wie lange es auch dauern mag, daraus zurückkehrt, jedoch als ein veränderter Mensch.

In den Begriffen des Chiron-Mythos gesprochen, hängt die Wiederkehr des Initianden davon ab, ob, wann und wie „Zeus eingreift". Im schamanischen Prozeß wird dieses Eingreifen als Augenblick der „solarisation" („Sonnenwerdung") oder „Universalisierung des Bewußtseins" bezeichnet. Damit soll die Ankunft des Initianden in seinem tief inneren Zentrum beschrieben werden, an jenem wesentlichen Ort, der zugleich in höchstem Maß persönlich und gleichzeitig zutiefst verbunden mit dem Transpersonalen ist. Wie wichtig ist die Rolle, die der Initiand bei diesem Vorgang spielt? Bei unserer Betrachtung des Chiron im Tartarus war es offensichtlich, daß er zwar nicht

über die Macht verfügte, die Ereignisse, die ihn betrafen, zu beeinflussen, wohl aber die Wahl hatte, welche Haltung er ihnen
gegenüber einnehmen wollte. Es war Chirons Bereitschaft, sich
der Weisheit der Tiefen auszuliefern, was ihn befähigte, seine
Initiation anzutreten, eine Initiation, die schließlich darin gip-
felte, daß Zeus eingriff. Ich vermute, das trifft genauso auf die
schamanische Initiation zu. Entscheidend scheint die Art, wie
wir an diesem Ort warten, denn, um noch einmal Eliot zu zitie-
ren, „der Glaube und die Liebe und die Hoffnung liegen alle
im Warten".

Der Augenblick der „Sonnenwerdung" kann so wenig wie
das Eingreifen des Zeus vorgeschrieben werden. Das einzige,
was man als Vorwegnahme eines solchen Augenblicks tun
kann, ist, daß man Raum schafft und auf die Wiederkehr der
Sonne wartet, so wie die Erbauer der alten Grabstätten sorgfäl-
tig deren Steine angeordnet und die Wintersonnenwende ab-
gewartet haben. Genau davon ist nämlich hier die Rede: daß
ein Lichtstrahl direkt das dunkle Herz des Grabes durchbohrt;
manche Menschen nennen das „Gnade". In diesem Augenblick
geht es also nicht in erster Linie darum, daß der Initiand sein
Tiefenzentrum findet, und es kommt auch nicht darauf an, daß
er sich noch etwas mehr Mühe gibt. Es ist vielmehr gerade um-
gekehrt: Das Tiefenzentrum muß den Initianden finden, denn,
so lautet ein Spruch der nordamerikanischen Indianer, „nicht
wir können der Vision nachlaufen, die Vision läuft uns nach".

Aus dieser Erfahrung kehrte der initiierte Schamane zurück.
Wenn er seine Augen aufschlug und von seinem Krankenbett
aufschaute, erkannte er, wo er war, sah die besorgten Gesichter
derer, die ihn umstanden und wußte, daß infolge dessen, was
er gerade erfahren hatte, sein Leben nie mehr wie zuvor sein
würde. Bevor er in die Krise seiner Initiationskrankheit hinabgestiegen war, waren für ihn „Familie" seine Verbindungen aus
Fleisch und Blut mit den ihn jetzt umstehenden Menschen
gewesen. Bei seiner Reise zur Mitte hin waren diese Bande
zerschmolzen wie die Spinnweben des Altweibersommers im
Feuer. Jetzt kehrte er nicht aus eigener Kraft zurück, sondern wurde wie ein Adler von der aufsteigenden warmen Luft

seines geschmolzenen Tiefenzentrums getragen. Diese Verbindung zum Tiefenzentrum knüpfte den Initiierten an die Sterne im finsteren Kosmos und an die Liebe, die alle Dinge im Dasein hielt. Und jetzt trat er aus dieser Rückbindung an den Kern seines Wesens mit allem anderen in Beziehung. Jeder Mensch seiner Umgebung, mochte er ihm bekannt sein oder nicht, und ebenso jeder Baum und Fels und Teich und jedes Geschöpf, war ihm jetzt Bruder und Schwester. Er kehrte zurück als jemand, der von den Mysterien die Demut und das Dienen gelernt hatte, den Dienst für das Mehr und Größere, und den Dienst für seine irdische Familie. Seine Aufgabe bestand jetzt darin, die schöpferischen Kräfte der Tiefenwelt mit dem Alltagsleben der Gemeinschaft, in der er lebte, zu verknüpfen.

Das Geheimnis der Berührung

D. H. Lawrences schwere Krankheit war seine tödliche Wunde, seine Initiationskrise und seine letzten Gedichte sprechen mit der Autorität desjenigen, der aus der Tiefe einer solchen Erfahrung redet. Im Gedicht „Bavarian Gentians" („Bayrischer Enzian") werden die tiefblauen Blumen, die in seinem Zimmer auf dem Tisch liegen, zum Eingangstor in die Tiefe. Er schreibt:

Reicht mir einen Enzian, gebt mir eine Fackel!
Mit der blauen, gezackten Fackel dieser Blume will ich
selbst mich führen,
tiefer und tiefer hinab die finstern Stufen, wo das Blau sich
ins Blausein verfinstert ...

Im Verlauf seines langen und schmerzlichen persönlichen Ringens mit seiner tödlichen Krankheit war Lawrence an einen Punkt gekommen, wo er wie Chiron vor der Entscheidung stand, ob er mit Prometheus den Platz tauschen wollte, und er konnte die Enzianblüten als Eingangstor zur Tiefe und als den Weg, den einzuschlagen er sich sehnte, erkennen. Im Konzept für dieses Gedicht hat er geschrieben:

Wie tief bin ich hinabgesunken
dunkle Enziane
seit ich mich eingeschifft auf euren dunkelblauen Rändern
wie tief, wie tief, wie selig!
Welche Reise meiner Seele
im blaudunklen Geschimmer
der Enziane hier im sonnenhellen Raum!
. . .
es ist finster
die Tür steht auf
in die Tiefen.

es ist so blau, es ist so schwarz
im schwarzen Eingangstor
der Weg steht offen
in den Hades.

Und Lawrence fährt fort:

dort, wohin Persephone geht, eben jetzt, aus dem erstarrten
September
in das augenlose Reich, wo die Finsternis über dem
Dunkeln wacht
und Persephone selbst ist nur eine Stimme
oder eine Finsternis, unsichtbar, und sie sinkt in das noch
tiefere Dunkel
der Arme des Pluto, wird durchbohrt von der Leidenschaft
dichtester Düsternis,
und ringsum flackern die Finsternisfackeln,
werfen ihr schwarzes Licht auf die verlorne Braut und ihren
Bräutigam.

Das Bild der Persephone, der Königin der Unterwelt, die in die
Arme ihres Königs Pluto sinkt, läßt das Eingreifen des Zeus zugunsten von Chiron anklingen, oder auch den Augenblick, wo
der schamanische Initiand von seinem Tiefenzentrum gefunden wird. Es beschreibt die Empfänglichkeit für das Wunder,

die am Ende steht und der Anfang ist, und zugleich deutet es an, daß die Frucht dieser Erfahrung ein Kind des Göttlichen ist. Diese Zeilen feiern die nährende und heilende Kraft der Dunkelheit. Sie sind das Lied eines Menschen, der den Durchbruch geschafft hat und dessen Seele in den blauschwarzen Tiefen vor Erregung vibriert.

Lawrence faßt diesen gesamten Prozeß in zwei kurzen Gedichten zusammen. Im Gedicht „Full life" beschreibt er das dazu erforderliche unerbittliche und bedingungslose Loslassen:

Niemand kann voll leben, ehe er nicht stirbt und alles
Sorgen läßt,
alles Sorgen läßt.

Und im Gedicht „Initiation Degrees" spricht er vom Preis dieses Loslassens und seiner möglichen Konsequenzen:

Niemand, es sei denn, daß er stirbt und das Alleinsein lernt,
kann jemals daran rühren.

Psychologisch gesprochen, wird hier nicht, wie man auf den ersten Blick meinen könnte, eine Anleitung für ein selbstbezogenes und herzloses Dasein geboten. Lawrence sagt vielmehr: Wer nicht unter die Alltagsoberfläche der Wirklichkeit mit ihren persönlichen Anhänglichkeiten zu tauchen und einsame Zeiten in den tief inneren Räumen dessen, was wir sind, zu verbringen vermag, der wird niemals den Sinn wahrer Liebe erfahren. Das Geheimnis des Angerührtwerdens deutet auf Intimität und die Begegnung eines für sich seienden Körpers mit einem anderen für sich seienden Körper. Wie der ewig gegenwärtige Chiron und wie der Schamane in der Mitte seiner Gemeinschaft, ist das Angerührtwerden das göttliche Kind und die Frucht der Wiederkehr.

Nachwort

Besonders wichtig an diesem Buch ist, mit welcher Überzeugungskraft Dr. Kearney das Problem des Leidens als Vorspiel des Sterbens herausarbeitet, vor allem in der Form des von der Seele erfahrenen Todeskampfes von Körper und Geist. Darin besteht der besondere Beitrag der westlichen Zivilisation zum menschlichen Leiden. Das einfühlsame Mitleiden hat Kearney auf die Lösung gebracht, daß es eine dem Menschen angeborene Fähigkeit gibt, die immateriellen Wurzeln seiner Selbstwahrnehmung zu erfahren – mag man diese nun als Selbst, Seele oder was auch immer bezeichnen – und dadurch eine Berührung zu erfahren bzw. an das zu rühren, was nicht stirbt und den Menschen seiner selbst versichert und ihm damit auch einen Daseinssinn erschließt.

Eine Erfahrung innerhalb dieser Schicht führt den Menschen auf einen Aussichtspunkt, der buchstäblich eine neue Weltsicht und zugleich neue praktische Konsequenzen eröffnet. Von diesem Standpunkt aus kann man unter Umständen zu seinen Schmerzen eine derart neue Einstellung gewinnen, daß sich das zu ihrer Eindämmung erforderliche Maß an Medikamenten auf die Hälfte oder noch weniger reduzieren läßt.

Kearneys Zugang ist unabhängig von allen religiösen Lehren, obwohl er durchaus nicht im Gegensatz zu diesen steht; doch er ist sich dessen bewußt, daß seine Methode in der Vorzeit wurzelt – bei den frühen Schamanen zum Beispiel, deren spontane psychische Kräfte und Wahrnehmungsfähigkeiten in gewisser Hinsicht die Gewähr dafür boten, daß sich ihre Erfahrung der inneren Welten auf etwas Wirkliches bezog. Ihre Disziplin war derart anspruchsvoll, daß sie selbst einen „kleinen Tod" sterben mußten, wodurch sie dann in die Lage versetzt wurden, anderen sterben zu helfen und im Annehmen des Todes Heilung zu finden.

Die hier beschriebene Methode, die sich beim Herannahen des Todes vielfach als sehr wirksam erweist, ist aus der säkularen Psychologie heraus entwickelt worden und als Arbeiten mit Imaginationen bekannt. Wer sie im tödlichen Ringen mit seinen Schmerzen und Ängsten und Verdrängungen erfährt, merkt womöglich, daß seine ihm noch verbleibenden Tage anders sind als vorher: Die Schmerzen werden erträglicher, die Hoffnungen, Ängste und Sorgen verlieren ihre Übermacht über den Geist und die Beziehungen zu anderen bessern sich.

Das mag nichts ausdrücklich Religiöses sein, aber es ist auch nicht nur ein neuer Kunstgriff der Psychotherapie. Es erinnert an den Vers aus den Upanishaden, der den allerersten Anfang jeder spirituellen Suche beschreibt: „Mancher weise Mensch, der suchte, was nicht stirbt, schaute mit dem Blick nach innen und nahm dort wahr sein Selbst." Das war weder Mythologie noch religiöse Doktrin. Es war ein realer Mensch auf der Suche nach einer realen Antwort auf die Leere der existentiellen Sinnlosigkeit, ein Mensch also, der direkt an der Wurzel seines Seins suchte und fand.

So ist dieses Buch mehr als eine Botschaft der Hoffnung für alle, die in Schmerzen sterben. Es ist eine Einladung, einen sinnvollen Tod zu sterben, einen Tod in Würde; das aber ist möglich, wenn man es schafft, sich mit dem zu identifizieren, was nicht stirbt.

Es ist bedauerlich, daß diese schlichten, aber höchst bedeutsamen Übungen zur Selbstentdeckung bis in die letzten Tage der Todkrankheit hinein aufgeschoben werden; daß man erst von unerträglichen Schmerzen dazu angespornt werden muß, alles nur irgend mögliche zu versuchen, was Erleichterung bringen könnte. Wäre es nicht richtiger, diese Übungen zum festen Bestandteil einer lebenslangen Vorbereitung auf das Eingehen in ein sinnvolles Dasein zu machen?

Sri Madhava Ashish

(Sri Madhava Ashish ist ein Hindu-Mönch anglo-irisch-schottischer Abstammung, der in einem Ashram in Mirtola, einer abgelegenen Gegend in Nordindien, lebt.)

Literaturverzeichnis

Achterberg, Jeanne, Heilung durch Gedankenkraft. Die heilende Kraft der Imagination, München 1989

Assagioli, Roberto, Die Schulung des Willens. Methoden der Psychotherapie und der Selbsttherapie, Paderborn 1991

Bly, Robert, Die dunklen Seiten des menschlichen Wesens, München 1993

Bosnak, Robert, Das kleine Traumbuch. Wie wir unsere Träume verstehen können, München 1994

Callanan, Maggie und Kelley, Patricia, Mit Würde aus dem Leben gehen. Ein Ratgeber für die Begleitung Sterbender, München 1993

Edinger, Edward F., Der Weg der Seele. Der psychotherapeutische Prozeß im Spiegel der Alchemie, München 1990

Eliade, Mircea, Schamanen, Götter und Mysterien. Die Welt der alten Griechen, Freiburg 1992

Feinstein, David und Krippner, Stanley, Persönliche Mythologie. Die psychologische Entwicklung des Selbst, München

Frankl, Viktor E., Der Wille zum Sinn. Ausgewählte Vorträge über Logotherapie, München 1990

Franz, Marie-Louise von, Traum und Tod. Was uns die Träume Sterbender sagen können, München 1990

Graves, Robert, Griechische Mythologie. Quellen und Deutung, Reinbek

Grof, Stanislav und Halifax, Joan, Die Begegnung mit dem Tod, Stuttgart 1992

Hannah, Barbara, Begegnung mit der Seele. Aktive Imagination, der Weg zu Heilung und Ganzheit, München 1985

Jung, Carl Gustav, Das Geheimnis der goldenen Blüte: Ein chinesisches Lesebuch, mit einem europäischen Kommentar, Olten 1992

Jung, Carl Gustav, Erinnerungen, Träume, Gedanken, Düsseldorf 1995

Kübler-Ross, Elisabeth, Über den Tod und das Leben danach, Zürich 1994

Levine, Stephen B., Wer stirbt? Wege durch den Tod, Bielefeld 1994

Levine, Stephen B., Sich öffnen ins Leben. Begegnungen und Gespräche mit Schwerkranken, Sterbenden und Trauernden – Wie wir behutsam begleiten können, Freiburg 1996

Meier, Carl A., Die Bedeutung des Traumes, Olten 1972

Mindell, Arnold, Schlüssel zum Erwachen. Sterbeerlebnisse und Beistand im Koma, Düsseldorf 1993

Reinhart, Melanie, Chiron, Heiler und Botschafter des Kosmos, Wettswil/Schweiz 1993

Rinpoche, Sogyal, Das Tibetische Buch vom Leben und vom Sterben, München 1993

Saunders, Cicely, Hospiz und Begleitung im Schmerz, Freiburg 1993

Teilhard de Chardin, Pierre, Die menschliche Energie, Olten 1982

Sterbende begleiten – Trauer bewältigen

Daniela Tausch-Flammer/Lis Bickel (Hrsg.)
Spiritualität der Sterbebegleitung
Wege und Erfahrungen
160 Seiten, Klappenbroschur
ISBN 3-451-26280-0

Stephen Levine
Sich öffnen ins Leben
Begegnungen und Gespräche mit Schwerkranken, Sterbenden
und Trauernden. Wie wir behutsam begleiten können
256 Seiten, Klappenbroschur
ISBN 3-451-26134-0

Anne Hosansky
Wege durch das Land der Trauer
Eine Frau findet nach dem Tod ihres Mannes neue
Lebensmöglichkeiten
224 Seiten, Klappenbroschur
ISBN 3-451-23955-8

Lis Bickel/Daniela Tausch-Flammer
**Wenn ein Mensch gestorben ist – wie gehen wir
mit dem Toten um?**
Anregungen und Hilfen
224 Seiten, Klappenbroschur,
ISBN 3-451-23693-1

Enna Pertim
Abschied heißt nicht Ende
Frauen erzählen über den Tod ihres Partners und ihr Leben
nach dem Verlust.
160 Seiten, Klappenbroschur,
ISBN 3-451-23105-0

HERDER